중등학교
독도교육의
이해와 실제

중등학교 독도교육의 이해와 실제

이두현 · 임선린 · 박남범 지음

이담
Books

머리말

 독도의 작은 부분이라도 정확히 조사하여 이에 대한 정보를 제공할 때 비로소 국제법 상 '실효적 지배'를 명확히 할 수 있다. 이를 바탕으로 우리 국민 스스로가 독도에 대해 정확히 이해하고 설명하는 것이 독도 영유권 수호에 가장 기본적인 활동이다. 이에 교육부는 2013년부터 전국 초·중·고교에서 독도 학습 부교재를 활용한 수업을 연간 10시간 내외로 편성한 새 교육과정을 시행하였으며, 일선 학교는 교과 시간, 창의적 체험활동 시간, 자율학습 시간 등을 활용해 독도교육을 진행하고 있다.

 이 책은 2011년 2월 교육과학기술부가 발표한 「초·중·고등학교 독도교육 내용체계」를 기준으로 내용의 체계를 구성하고 자료를 제시하였다. 또한 이 책이 초·중·고등학교 학생뿐만 아니라 일반인들을 위한 독도교육과 활동 참고자료로 활용될 수 있도록 내용체계를 일부 수정하여 구성하거나 일부 자료를 추가 또는 제외하였다.

 이 책은 기존의 독도교육 도서들을 비교 분석하여 외형적인 모습에 치우쳐 기술했던 방식에서 벗어나 다양한 관점을 통해 교사들과 학생들이 독도에 대해 쉽게 이해하고 다가갈 수 있도록 체계적으로 개발함으로써 교육 활용도를 높이는 동시에 일반 독자의 관심을 이끌어내고 이해시키는 데 그 목적을 두었다. 이를 위해 다음과 같은 집필 방침을 세웠다.

 첫째, 중학교와 고등학교 교육현장에서 독도 학습을 활성화하는 데 도움을 주기 위해 불필요한 내용은 과감히 줄이고, 어려운 내용은 교사와 학생들이 쉽게 이해할 수 있도록 기술하였다. 또한 독도 학습의 흥미도를 높이기 위해 단원 배치를 학습의 위계를 고려하여 위치와 영역에서부터 자연환경, 역사서와 지리서, 고지도, 법, 국제 관계 등의 순서로 배열하였다.

 둘째, 단순히 내용을 정리하는 데 빠져 지나치게 정형화된 기술 방법을 지양하고, 역사, 지리, 경제, 법, 과학, 환경 등의 다양한 접근을 통해 내용을 기술하였다.

셋째, 내용을 전개하는 과정에서는 단원별로 그 주제에 알맞은 전개 방식을 유지하도록 하였다. 사진과 그래프 등의 이미지 자료를 활용하여 기술하기도 하고, 이론적 배경이 어려운 부분들은 상대적으로 쉽게 설명하도록 하였다.

이 교재는 제1장에서는 독도교육을 담당하는 중등교사가 알아두어야 할 독도 교수·학습 내용을 심도 있게 다루었다. 즉, 독도의 위치와 영역에 대한 사실뿐만 아니라, 독도의 인문·자연환경, 독도를 기록한 역사서와 지리서, 우리나라와 일본, 그리고 서양 지도에서의 독도, 독도 문제의 본질에 대해 설명하였다. 제2장에서는 중등교육에서 독도교육의 추진 방향에 대해 살펴보고, 이를 통해 교과별로 적용한 교수·학습과정안과 학습자료 등을 제시하였으며, 독도와 관련된 웹사이트와 도서들을 수록하였다.

이 책을 통해 우리 땅 독도에 대한 다양한 수업과 강의를 담당하는 초·중등 교사들의 독도에 대한 이해를 도울 수 있기를 바란다. 더불어 독도 교수·학습과정안과 학습자료를 통해 이를 재구성하여 더욱 흥미로운 독도 수업을 진행하길 바란다. 나아가 현장교사들뿐만 아니라 청소년과 일반 독자들도 이 책을 함께 읽으면서 우리 땅 독도에 대한 기초적 소양을 길렀으면 한다. 즉, 이 책은 독도 담당교사들의 독도교육에만 중점을 맞춰 기술한 것이 아니라 일반 독자들도 독도에 대한 기초 지식을 증진하는 데 조금이나마 도움을 줄 수 있도록 고려하여 만들어진 학술서이자 교양도서이다.

이 책을 집필하면서 지금까지의 독도에 대한 연구 결과를 토대로 쉽게 쓸 수 있을 것으로 생각했지만, 단순히 독도교육을 담당하는 교사들뿐만 아니라 이를 배우는 학생들, 그리고 독도에 관심 있는 독자들을 고려하면서 지속적인 연구와 수정 작업을 거쳐 긴 시간 동안 집필하게 되었다. 어려운 과정에서도 이 책을 집필하고 출판할 수 있도록 함께 연구하고 집필해주신 두 분의 선생님과 검토와 감수를 도와주신 전국사회과교과연구회 및 국토교육연구회 선생님들, 출판하기까지 하나하나에 신경 써주신 이담북스 관계자 여러분께 감사를 표하는 바이다.

저자대표 이두현

목차

제1장
독도에 대한 이해

1. 독도의 위치와 영역

가. 독도의 위치와 영역

1) 독도의 수리적, 지리적, 관계적 위치

독도의 위치는 크게 수리적 위치, 지리적 위치, 관계적 위치로 설명할 수 있다. 수리적 위치는 지표상의 특정 지점의 위치나 장소를 위도와 경도라는 좌표 개념을 사용하여 표현하는 것이다. 독도의 수리적 위치는 북위 37° 14′ 18″, 동경 131° 52′ 22″ (동도 삼각점 기준)이다. 특정 지점의 위도를 알면 해당 지역의 대략적인 기후를 파악할 수 있는데 독도는 북반구의 중위도에 위치하고 있어 온대 기후 지역임을 알 수 있다.

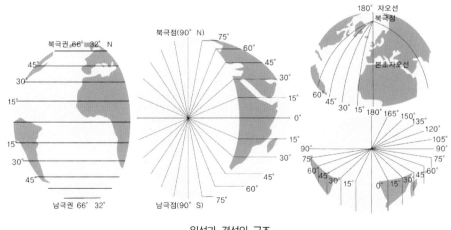

위선과 경선의 구조

경도(經度, longitude)는 영국의 그리니치 천문대를 지나는 본초 자오선을 기준으로 지구를 동경으로 180°, 서경으로 180°로 나눈 값이다. 특정 지점의 경도를 알면 해당 지역의 시간을 파악할 수 있는데, 우리나라의 중앙을 통과하는 중앙 경선(함흥, 원산, 청주, 대전, 순천을 통과하는 선)은 동경 127° 30′으로 영국보다 8시간 30분(15°는 한 시간임)이 빠르다. 독도는 영국의 본초 자오선보다 131° 52′ 22″가 동경에 있기 때문에 약 8시간 48분 정도가 빠르고 우리나라에서 가장 먼저 일출을 볼 수 있는 곳이다. 하지만 우리나라는 일본과 같이 135°를 표준시로 사용하고 있어 영국보다 9시간이 빠르다.

지리적 위치는 지표상의 특정 지점의 위치나 장소를 육지와 해양과의 관계로 파악한 것이다. 한반도의 지리적 위치는 유라시아의 동안에 위치하여 대륙성 기후가 나타나고, 여름과 겨울 계절풍이 뚜렷하다. 반면 독도의 지리적 위치는 한반도에 가까이 위치하고 있지만, 동해안 한가운데 위치하여 한반도보다 대륙의 영향이 적고 해양의 영향을 많이 받아 상대적으로 연중 온화한 해양성 기후가 나타난다.

관계적 위치는 지표상의 특정 지점의 위치나 장소를 주변 지역이나 국가들과의 관계로 설명한 것이다. 독도는 우리나라가 자리 잡은 한반도와 일본 사이에 위치하고 있다.

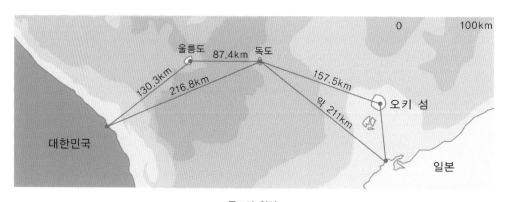

독도의 위치

독도의 위치를 정리해보면 다음과 같다.

경 · 위도

동도: 북위 37도 14분 26.8초, 동경 131도 52분 10.4초
서도: 북위 37도 14분 30.6초, 동경 131도 51분 54.6초

거리

경북 울진군 죽변에서 동쪽으로 216.8km(117.1해리)

울릉도에서 동남쪽으로 87.4km(47.2해리)

일본 시마네 현 오키 섬에서는 157.5km(85.0해리)

※ 1해리(海里) = 1.852km

행정

독도의 주소: 경상북도 울릉군 울릉읍 독도리(우: 799-805)

동도

경비대: 경상북도 울릉군 울릉읍 독도이사부길 55

등대: 경상북도 울릉군 울릉읍 독도이사부길 63

서도

주민숙소: 경상북도 울릉군 울릉읍 독도안용복길 3

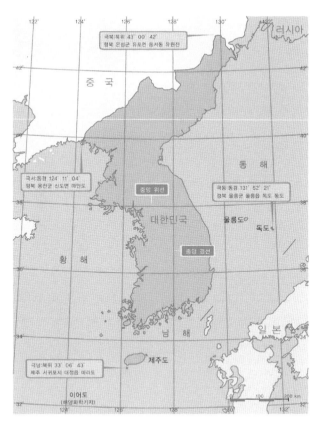

우리나라의 4극을 보면 남쪽으로는 마라도, 북쪽으로는 유원진,
서쪽으로는 마안도, 그리고 동쪽으로는 우리 땅 '독도'

2) 독도 가는 길

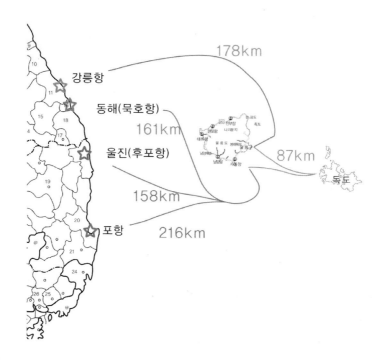

독도 가는 배는 강릉, 동해, 울진, 포항에서 출발한다

　최근 독도에 대한 관심 증가와 여객 시설 확충 등으로 인해 독도 관광객들이 매해 증가하고 있다. 독도에 가는 방법은 육지에서는 육상 교통수단을 이용하고, 강릉이나 동해, 울진, 포항에서 선박을 이용하는 방법이 있다. 쾌속선의 등장으로 울릉도 도동항에서 두 시간 정도면 독도에 도착할 수 있다.

지명	울릉도	묵호항	죽변	포항	부산	오키 섬(일본)
거리	87.4km	243.8km	216.8km	258.3km	348.4km	157.8km

3) 독도의 영역

출처: 외교부 독도

독도는 동도와 서도, 그리고 89개의 바위섬으로 구성되어 있다

독도는 동도와 서도 2개의 큰 섬과 그 주변에 89개의 부속 도서로 이루어져 있다. 총 면적은 187,453㎡로, 동도 73,297㎡, 서도 88,740㎡, 부속도 25,517㎡에 달한다. 동도와 서도 간 최단 거리는 저조시를 기준으로 151m 정도 떨어져 있다.

서도는 둘레 2.6km, 면적 88,639㎡로 독도에서 가장 규모가 큰 섬이다. 해발고도가 가장 높은 곳은 대한봉으로 168.5m에 달하고 봉우리가 뾰족한 원뿔형 모양을 하고 있다. 서도는 전체적으로 사면의 경사가 급한 절벽으로 이루어져 있어 평지가 거의 없다. 해안가에 어민 거주인 숙소 하나만 자리 잡고 있다.

동도는 둘레 2.8km, 면적 73,297㎡로 서도 다음으로 큰 섬이다. 동도의 최고봉인 우산봉은 해발고도 98.6m로 서도의 끝 부분에 있는 탕건봉(97.8m)보다 1m 정도가 더 크다. 동도는 대부분 화산암으로 이루어져 있지만, 일부분 지표에 토양이 형성되어 있어 서도보다 다양한 식물들을 볼 수 있다. 높이 솟은 서도에 비해 전체적인 규모는 작지만, 경사가 완만하여 평평한 곳들이 있다. 동도에는 쾌속선 선착장을 비롯하여 독도경비대와 등대, 그리고 경비대 숙소가 자리 잡고 있다.

독도에서 가장 큰 섬 서도 정상에는 가장 높은 봉우리 대한봉이 있고, 섬 전체 경사는 매우 급하다

4) 독도의 부속 바위와 봉우리

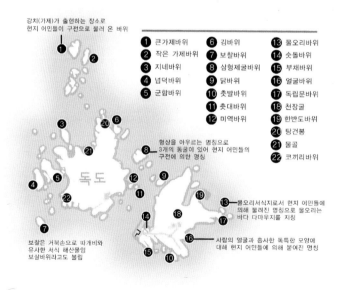

강치(가제)가 출현하는 장소로
현지 어민들이 구전으로 불러 온 바위

❶ 큰가제바위   ❻ 김바위   ⓭ 물오리바위
❷ 작은 가제바위   ❼ 보찰바위   ⓮ 숫돌바위
❸ 지네바위   ❽ 삼형제굴바위   ⓯ 부채바위
❹ 넙덕바위   ❾ 닭바위   ⓰ 얼굴바위
❺ 군함바위   ❿ 촛발바위   ⓱ 독립문바위
⓫ 촛대바위   ⓲ 천장굴
⓬ 미역바위   ⓳ 한반도바위
   ⓴ 탕건봉
   ㉑ 물골
   ㉒ 코끼리바위

형상을 아우르는 명칭으로
3개의 동굴이 있어 현지 어민들의
구전에 의한 명칭

독도

물오리서식지로서 현지 어민들에
의해 불려진 명칭으로 물오리는
바다 다마우지를 지칭

보찰은 거북손으로 따개비와
유사한 서식 해산물임
보찰바위라고도 불림

사람의 얼굴과 흡사한 독특한 모양에
대해 현지 어민들에 의해 붙여진 명칭

독도는 동도와 서도를 제외하고 총 89개의 부속 도서로 이루어져 있다

독도는 동도와 서도를 제외하고 총 89개 부속 도서로 이루어져 있다. 도서라고 하기에는 규모가 작아 바위로 부르는 것이 올바른 표현이다. 주요 바위로는 큰가제바위, 작은가제바위, 지네바위, 넙덕바위, 군함바위, 김바위, 보찰바위, 삼형제굴바위, 닭바위, 촛발바위, 촛대바위, 미역바위, 물오리바위, 숫돌바위, 부채바위, 얼굴바위, 독립문바위, 천장굴, 한반도바위, 탕건봉, 물골, 코끼리바위 등이 있다.

5) 독도의 새로운 바위 지명

우리 역사 속에서 독도는 삼봉도(三峰島)·가지도(可支島)·우산도(于山島)·자산도(子山島) 등 여러 가지로 불리다 1881년 '독도'로 개칭되었다. 독도라는 지명은 1900년 10월 25일 대한제국 칙령 제41호에 올려졌다. 2000년에 들어와 '동도'와 '서도'가 지명으로 올려졌고, 2006년에는 '코끼리바위'와 '독립문바위', '한반도바위' 등 22개의 이름이 지어졌다.

2012년 국토지리정보원에서는 국가지명위원회를 열어 독도를 구성하는 봉우리 이름을 결정하였다. 동도(해발 98.6m) 봉우리 이름을 '우산봉', 서도(해발 168.5m) 봉우리 이름을 '대한봉'으로 결정하였다. 동도 봉우리를 우산봉으로 정한 것은 독도가 조선 시대 우산도로 기록된 명확한 사실이 있기 때문이고, 서도의 봉우리를 대한봉으로 정한 것은 독도가 명확히 대한민국 영토라는 점을 상징하기 위해서다. 탕건봉은 바위로 분류했다가 봉우리로 재분류해서 붙여졌다.

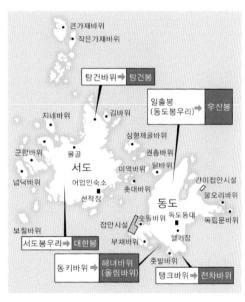

새 이름을 붙여준 독도의 바위와 봉우리

6) 독도의 지명 고시 현황

가) 동도의 지명 유래

지명	도서	지명 유래
닭바위	바위	마치 닭이 알을 품은 형상으로 닭바위로 전하고 있는 바위
한반도바위	바위	북쪽에서 바라보면 마치 한반도 형상과 똑 닮아 붙여진 이름
독립문바위	바위	독립문 형상으로 독특한 모양의 바위
물오리바위	바위	물오리서식지로서 현지어민들에 의해 불린 명칭
얼굴바위	바위	사람의 얼굴과 흡사한 독특한 모양의 바위
춧발바위	바위	춧발은 갑, 곶 등이 튀어나온 곳을 의미하는 현지 방언
부채바위	바위	남서쪽에서 바라보면 마치 부채를 펼친 모양의 바위
숫돌바위	바위	주민들이 생활할 당시 칼을 갈았다는 곳으로 바위 암질이 숫돌과 비슷하여 붙여진 이름
천장굴	굴	침식에 의한 함몰로 생긴 천장동굴에서 붙여진 명칭
우산봉	봉우리	독도가 우산도라고 불린 것을 반영하여 붙여진 지명
전차바위	바위	전차 형상으로 독특한 모양의 바위
해녀바위	바위	예전 해녀들이 쉬었던 바위

나) 서도의 지명 유래

지명	도서	지명 유래
큰가제바위	바위	강치(가제)가 출현하는 장소로 현지 어민들의 구전에 의한 명칭
작은가제바위	바위	큰가제바위 우측 작은바위로 현지 어민들의 구전에 의한 명칭
지네바위	바위	'이진해'라는 어민이 미역을 채취하던 바위('진해'⇒'지네')
탕건봉	봉우리	서도 북쪽에 위치, 봉우리 형상이 탕건을 똑 닮아 붙여진 이름
대한봉	봉우리	대한민국 영토를 상징하며, '대한민국'을 줄여 붙여진 지명
김바위	바위	독특한 모양에 대한 일관된 명칭(구전으로 김은 해태를 의미)
삼형제굴 바위	바위	동굴의 입구가 3개로 되어 있으며, 3개의 동굴을 아우르는 명칭으로 현지 어민들의 구전에 의한 명칭
미역바위	바위	어민들이 바위에서 미역채취를 많이 하여 붙여진 명칭
촛대바위	바위	독특한 모양에 대한 명칭으로 권총바위라고도 불렸음
보찰바위	바위	보찰은 거북손으로 따개비와 유사한 서식 해산물
코끼리바위	바위	코끼리가 물을 마시는 형상의 독특한 모양의 바위
넙덕바위	바위	현지 어민의 구전으로 전하는 넙덕바위
군함바위	바위	군함과 같은 독특한 모양으로 현재 어민들의 구전에 의한 명칭
물골	골짜기	서도의 봉우리에서 북서방향으로 해안과 접하는 지점에 1일 400ℓ 정도의 물이 고이는 곳

7) 국토지리정보원 ‖ 독도지리넷－독도의 로마자·영문자 표기

가) 독도의 로마자 표기

독도의 로마자 표기는 'Dokdo'를 사용함(문화관광부고시 2000-8호 참조).

(Dokdo에 섬을 의미하는 접미어 'do'가 이미 포함되어 있으므로 'Dokdo Island' 형태의 표기는 사용하지 않음)

※ 틀린 표기의 예: Dok Island, Dok Islet, Dok Do, Dok-do, Tokdo, Tokto, Tok-do, Tok-to

나) 독도가 '섬'임을 나타내기 위해 문장상에서 영문 수식어를 사용하는 경우: 항상 단수인 'island'만을 사용함. 'islet'나 'rock'은 사용하지 않음.

※ 옳은 표기의 예

Dokdo, a beautiful island of Korea.

Dokdo is comprised of Dongdo(East Island) and Seodo(West Island).

나. 독도의 명칭 변화

1) 우리 역사 속의 독도

현재 우리가 사용하고 있는 '독도(獨島)'라는 명칭이 처음 등장한 것은 1904년 일본 군함 니타카호의 항해일지이다. 그리고 우리나라에서는 1906년 심흥택 울도 군수의 보고서에 "본군 소속 독도는……"라는 내용으로 처음 등장한다. 그 이전의 독도는 우산도 (于山島), 삼봉도(三峰島), 가지도(可支島), 자산도(子山島), 석도(石島) 등의 이름으로 문서와 지도상에 나타나고 있다.

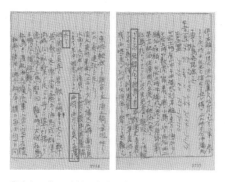

출처: http://www.dokdo-takeshima.kr/

니타카호 항해일지(1904년)

다음은 울릉도에 있는 동안 실제로 관찰한 사람의 리앙쿠르(독도)에 관한 내용이다. 리앙쿠르 바위를 독도라고 부르는데, 일본사람들은 량코도라고 짧게 부른다. 부속서류에 설명하는 바와 같이 이 섬은 두 개의 바위섬으로 되어 있다. 서쪽 바위는 높이가 약 400피트이고 너무 경사가 심하여 올라갈 수가 없다.

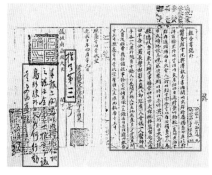

출처: http://www.dokdo-takeshima.kr/

강원도 관찰사 서리 춘천군수 이명래
호외보고서(1906년 4월 29일)와 참정대신의 지령
제3호(1906년 5월 20일)

<강원도 관찰사 서리 춘천군수 이명래 호외보고서>
본군 소속 독도는 울릉도에서 바다 100리에 위치하고 있습니다. 일본의 기선이 우도에 있는 도동포에 정박하고 이달 4일 오전 8:00시경에 일본의 관리들이 저에게로 와서 말하기를, "우리는 독도가 현재 우리 영토이기 때문에 조사하러 왔다."
음력 3월 5일, 광무 10년.

<참정대신 지령 3호>
나는 이 보고서를 읽었다. 그들의 말에 의하면 독도가 일본 영토라는 것은 전적으로 근거를 알 수 없는 주장이며, 섬을 재점검하고 일본인들의 행동을 점검하라.

가) 우산도(于山島)

독도에 관한 최초의 문헌 기록은 『삼국사기』「신라본기」(1145년)이다. 6세기 초 신라의 하슬라주(현재 강릉) 군주인 이사부가 512년(지증왕 13년) 왕명을 받아 우산국(于山國)을 정벌한 기록에서 나온다. 고구려의 말로 '위쪽의 높은 지대'라는 뜻의 우산(于山)이라는 명칭은 조선 시대까지 사용되면서 가장 오랫동안 독도의 명칭으로 사용되었다. 1454년(세종 14년)에 편찬된 『세종실록』「지리지」와 1530년(중종 25년)에 편찬된 『신증동국여지승람』 등의 문헌 기록에서도 우산(于山)으로 기록되어 있는 것으로 보아 조선 시대까지 독도를 '우산(于山)'으로 불렀음을 알 수 있다. 또한 글자(한자) 모양이 비슷한 자산도(子山島), 방산도(方山島), 간산도(干山島), 천산도(千山島) 등으로 불리기도 했다.

출처: 동북아역사재단 독도연구소

| 삼국사기(512년) | 세종실록지리지(1454년) | 신증동국여지승람(1530년) |

나) 삼봉도(三峰島)

조선 성종 때 자주 사용된 명칭으로 『성종실록』(1476년)의 기록을 보면 "섬 북쪽에 세 바위가 벌여 섰고, 그다음은 작은 섬, 다음은 암석이 벌여 섰으며……"라고 기록되어 있다. 삼봉도(三峰島)란 독도를 동남쪽으로 가게 되면 특정한 위치에서 독도가 세 개의 봉우리로 된 섬으로 보인다고 해서 불린 이름이다.

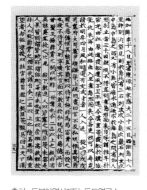

출처: 동북아역사재단 독도연구소

『성종실록』 성종 7년(1476년)

25일에 서쪽으로 섬이 7, 8리 남짓한 거리에 정박하고 바라보니, 섬 북쪽에 세 바위가 벌여 섰고, 그다음은 작은 섬, 다음은 암석이 벌여 섰으며, 다음은 복판 섬이고, 복판 섬 서쪽에 또 작은 섬이 있는데, 다 바닷물이 통합니다. 또 바다 섬 사이에는 인형(人形) 같은 것이 별도로 선 것이 30개나 되므로 의심이 나고 두려워서 곧바로 갈 수가 없어 섬 모양을 그려 왔습니다.

출처: 독도 연구

동남방향에서 본 독도

다) 가지도(可支島)

『정조실록』에 기록된 명칭으로 1794년(정조 18년) 강원도 관찰사 심진현의 울릉도 보고서에 "갑인년 4월 26일에 가지도(可支島)에 가보니 가지어(可支漁)가 놀라 뛰어 나왔다"라는 기록이 있다. '가지어'는 물개의 일종으로 '강치', '가제'로 불린다. 독도는 동해 지역의 유일한 강치 집단 서식처로 이런 이유에서 붙여진 이름이다. 가지도라는 이름은 꽤 오랫동안 쓰였고 지금도 '가제굴', '큰가제바위', '작은가제바위' 등의 이름으로 남아 있다.

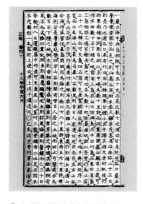

출처: 동북아역사재단 독도연구소

『정조실록』 정조 18년(1794년)

26일에 가지도(可支島)로 가니, 네댓 마리의 가지어(可支魚)가 놀라서 뛰쳐나오는데, 모양은 무소와 같았고, 포수들이 일제히 포를 쏘아 두 마리를 잡았습니다.

강치

라) 석도(石島)

대한제국이 1900년(고종 37년) 10월 25일에 발표한 '칙령 제41호'에서 사용한 명칭이다. 기록을 보면 울릉도를 울도로 개칭하고, 도감을 군수로 개정하여 정식 지방 관제에 편입하며, 울도의 관할 구역을 '울릉 전도(全島)와 죽도(竹島) 및 석도(石島)'로 규정한다고 되어 있다.

출처: 동북아역사재단
독도연구소

칙령
제41호(1900년)

제2조 군청(郡廳) 위치(位眞)는 태하동(台霞洞)으로 정(定)하고, 구역(區域)은 울릉전도(鬱陵全島)와 죽도(竹島) 및 석도(石島)를 관할(管轄)할 사(事)

마) 돌섬·독섬

현재 '독도(獨島)'를 해석하면 '외로운 섬'이라는 의미이다. 하지만 원래 '독도(獨島)'라는 명칭은 '돌로 된 섬'이라는 뜻이다. 1883년 울릉도가 본격적으로 개척될 당시 전라도 남해 출신의 이주민들이 '돌섬'을 '독섬(독은 돌의 전라도 사투리)'이라고 발음하면서 유래되었다. 이를 한자로 기록할 때 뜻을 따를 경우 '석도(石島)'이고, 음을 따를 경우 '독도(獨島)'인 것이다.

2) 서양에서의 독도

처음 독도가 표시된 서양 지도는 1710년대 중국에서 선교활동을 했던 프랑스 신부 레지(Regis)가 만든 지도이다. 이 지도에서는 독도가 중국식 발음으로 'Tchian-chan-tao'로 표기되어 있다. 이는 우산도(于山島)를 천산도(千山島)로 잘못 표기한 것이다. 서양인들이 독도를 최초로 발견한 것은 1847년 프랑스 포경선 리앙쿠르(Liancourt)호이다. 그래서 이때부터 독도를 서양에서는 '리앙쿠르 락스(Liancourt-rock)'라고 부르기 시작하였다. 이어 러시아 군함 팔라다(Pallada)호가 서도를 '올리부차(Olivutsa)', 동도를 '매낼래이(Manalai)'라고 불렀으며 1888년에는 영국 군함 호넷(Hornet)호가 독도를 발견하여 '호넷 락스(Hornet-rock)'라고 불렀다.

다. 우리 기록 속의 독도

1) 독도에 대한 최초의 기록

울릉도와 독도에 대한 우리나라 최초의 기록은 고려 인종의 명을 받아 김부식이 편찬한 『삼국사기』(1145년)이다. 『삼국사기』 권4 「신라본기」 지증왕 13년 조(512년)에 우산국(于山國)이 신라에 귀복(歸伏)되었다는 기록이 있다. 울릉도와 독도는 삼국 시대 이전부터 우산국으로 불렸는데, 삼국 시대에 우산국이 신라의 내륙 지방까지 들어와 노략질하자 신라 지증왕은 하슬라 군주 이사부를 보내 정벌할 것을 명했다.

출처: 동북아역사재단
독도연구소

『삼국사기』 권4
「신라본기」
지증마립간
13년(512년)

13년 6월 여름, 우산국이 귀복(歸伏)하여, 매년 토산물을 공물로 바치기로 하였다. 우산국은 명주의 정동쪽 바다에 있는 섬인데, 울릉도라고도 한다. 그 섬은 사방 1백 리인데, 그들은 지세가 험한 것을 믿고 항복하지 않았다. 이찬 이사부가 하슬라주의 군주가 되었을 때, 우산 사람들이 우둔하고도 사나우므로 위세로 다루기는 어려우며 계략으로 항복시켜야 한다고 말했다. 그는 곧 나무로 허수아비 사자를 만들어 병선에 나누어 싣고, 우산국의 해안에 도착하였다. 그는 거짓말로 "너희가 만약 항복하지 않는다면 이 맹수를 풀어 너희를 밟아 죽이도록 하겠다"고 말하였다. 우산국의 백성들이 두려워하여 곧 항복하였다.

하지만 독도에 대한 우리나라 최초의 기록이라고 하는 『삼국사기』에는 '우산국(于山國)'과 '울릉도'에 대한 기록은 있지만 '독도'에 관해서는 나와 있지 않다. 그런데 어떻게 『삼국사기』가 독도에 관한 우리나라 최초의 기록이라고 하는 것일까? 그 이유는 당시 우산국(于山國)은 울릉도를 중심으로 주변의 부속 도서들을 세력권 내에 두고 있던 해상 소국으로 독도도 우산국의 부속도서에 포함되어 있었기 때문이다.

2) 고려 시대의 독도

신라에 복속된 우산국은 이후 후삼국 시대 때 고려에 토산물을 받쳤다는 기록이 『고려사』에 남아 있다. 그리고 신라가 멸망한 이후에는 고려의 지배를 받았다.

출처: 동북아역사재단
독도연구소

『고려사』 세가 1
태조 13년(930년)

우릉도(芋陵島)에서 백길(白吉)과 토두(土豆)를 보내어 토산물을 바치거늘 백길(白吉)을 정위(正位)로 토두(土豆)를 정조(正朝)로 삼았다.

그러다 1018년(현종 9년) 만주의 여진족이 우산국을 침입하게 되고, 이를 피해 고려로 도망쳐 나온 우산국 주민들을 고려 정부는 다시 돌려보내고 농기구와 종자를 하사했다는 기록이 고려사에 나온다.

『고려사』 세가 4
현종 9년(1018년)

우산국(于山國)이 동북 여진(女眞)의 침입을 받아 농업을 폐하므로 이원구(李元龜)를 보내어 농기구를 내려 주었다.

그러나 독립성을 어느 정도 확보하고 있던 우산국은 여진의 침입 이후 스스로 자립할 수 없는 상황에까지 이르게 되고, 대부분의 우산국 주민들은 강원도로 망명하게 된다. 이로써 우산국은 고려의 직접 통치권에 포함되게 되고 '우산국(于山國)'이라는 명칭은 더 이상 우리 역사에서 볼 수 없게 된다. 이후 기록에 '우산국(于山國)', '우산국민(于山國民)'이 아닌 '우릉성(羽陵城)', '우릉(羽陵) 성주(城主)'로 표현이 바뀐 것을 보면 알 수 있다.

『고려사』 권5,
세가 의종
1년(1032년)

우릉(羽陵) 성주(城主)가 그 아들 부어잉다랑(夫於仍多郎)을 보내 토산물을 바쳤다.

이후 시간이 더 경과하게 되면 울릉도는 더 이상 '우릉성(羽陵城)'이 아닌 울진현의 속도(屬島)로 '우산도(于山島)'라고만 기록된다. 또한 고려 시대에는 울릉도가 우산도(于山

島), 독도가 무릉도(武陵島)로 각각 다른 섬으로 불렸다는 기록도 『고려사』「지리지」(1451년)에서 볼 수 있다.

출처: 동북아역사재단
독도연구소

『고려사』권58,
「지리지」동계
울진현(1451년)

혹은 말하기를, "우산도(于山島)와 무릉도(武陵島)는 본래 두 섬으로 서로 거리가 멀지 않아 바람이 불고 날씨가 맑으면 바라볼 수 있다"고 한다.

3) 조선 시대의 독도(안용복 사건 이전)

조선 시대부터는 울릉도와 독도에 대한 기록이 많이 남아 있다. 조선 초기 울릉도는 왜구의 노략질이 빈번하게 발생하였고, 생계를 위해 혹은 세금을 피하기 위해 울릉도로 도망가는 경우가 많았다. 이에 조선 정부는 울릉도 주민을 통제하고 보호하기 위해 울릉도 주민들을 내륙으로 이주시키는 '쇄환정책(刷還政策)'을 실시하게 되면서 조선 초기에 울릉도는 일시적으로 무인도가 되었다. 그렇다고 조선 정부가 울릉도와 독도를 포기하거나 관리하지 않은 것은 아니었다. 정기적으로 '수토관(搜討官)'을 파견하여 섬과 그 주변을 조사하도록 하는 '수토정책(搜討政策)'을 폈다.

출처: 동북아역사넷

『태종실록』태종
3년(1403년)

강릉도(江原道)의 무릉도(武陵島) 거민(居民)을 육지로 나오도록 명령하였으니, 감사(監司)의 말에 따른 것이었다.

당시 울릉도와 독도를 조사하기 위해 파견한 수토관의 직함이 '무릉등처 안무사(武陵等處 按撫使)' 혹은 '우산무릉등처 안무사(宇山武陵等處 按撫使)'였던 것으로 보아 울릉도(무릉)와 함께 독도(우산도)도 함께 조사하였음을 알 수 있다.

출처: 동북아역사재단
독도연구소

『태종실록』 태종
16년(1416년)

김인우를 무릉(武陵)등처 안무사(安撫使)로 삼았다. (중략) 김인우가 또 아뢰기를, "무릉도가 멀리 바다 가운데에 있어 사람이 서로 통하지 못하기 때문에 군역(軍役)을 피하는 자가 혹 도망하여 들어갑니다. 만일 이 섬에 주접(住接)하는 사람이 많으면 왜적이 끝내는 반드시 들어와 도둑질하여, 이로 인하여 강원도를 침노할 것입니다"고 하였다.

조선 초기 정부는 체제정비를 위해 전국적인 지리지 편찬 작업에 착수하였다. 『신찬팔도지리지』(1432년)를 보완하여 『세종실록』「지리지」(1454년)를 완성하였는데, 여기에 무릉(울릉도)과 우산도(독도)에 관한 내용이 기록되어 있다.

출처: 동북아역사재단
독도연구소

『세종실록』
「지리지」
(1454년)

우산(于山)과 무릉(武陵) 두 섬이 현의 정동쪽 바다 가운데 있다. 두 섬은 서로 멀리 떨어져 있지 않아, 날씨가 맑으면 바라볼 수 있다. 신라 때에 우산국 또는 울릉도라 하였다.

『세종실록』「지리지」를 보면 "날씨가 맑으면 바라볼 수 있다"라고 기록되어 있다. 이 것은 반대로 날씨가 좋지 않은 날은 보이지 않았다는 것을 말한다. 즉 두 섬은 날씨와 상관없이 언제든지 볼 수 있을 만큼 아주 가깝게 있지 않았다는 것을 알 수 있다. 울릉도 주변의 부속 도서 중 관음도와 죽도라는 섬이 있다. 이 섬들은 울릉도와 2km 정도 떨어져 있어 날씨와 상관없이 울릉도에서 항상 볼 수 있는 섬으로『세종실록』「지리지」에 나오는 우산(독도)이 아닌 것을 알 수 있다.

출처: 사이버독도

울릉도에서 바라본 관음도와 죽도　　　　　　　울릉도에서 바라본 독도

조선 초기 쇄환정책으로 무릉도(울릉도)와 우산도(독도)가 조선 정부와 주민들의 기억에서 잊힐 무렵, 함경도 바다 사람들 사이에서 새로운 섬이 발견되었다는 소문이 돌기 시작한다. 그리고 요도(蓼島)가 있다는 소문을 들은 세종은 함경도 관찰사에게 조사하도록 지시하였고 상호군(上護軍) 홍사석을 강원도로 보내 직접 요도(蓼島)를 조사하도록 한다. 그런데 함경도에서 소문이 난 요도(蓼島)를 조사하기 위해 왜 조선 정부는 홍사석을 강원도로 파견하였을까? 그 이유는 조선 정부는 요도(蓼島)가 무릉도(울릉도) 주변에 있는 섬으로 판단하였기 때문이다.

상호군(上護軍) 홍사석(洪師錫)을 강원도에 보내어 요도(蓼島)를 찾아보게 하였다.

출처: 동북아역사재단
독도연구소

『세종실록』
12년(1430년)

『신증동국여지승람』(1531년)에서는 울릉도와 독도에 대한 기록이 기존의 문헌과 지리지보다 매우 구체적이고 상세하게 기록되어 있다. 제목이 '우산도·울릉도'로 되어 있는 것에서도 알 수 있듯이 두 섬에 대해 구체적으로 언급하고 있다.

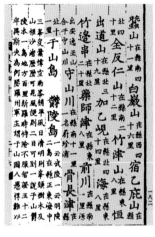

출처: 동북아역사재단 독도연구소

『신증동국여지승람』(1531년)

우산도(于山島)·울릉도(鬱陵島)
무릉(武陵)이라고도 하고, 우릉(羽陵)이라고도 한다. 두 섬이 고을 바로 동쪽 바다 가운데 있다. 세 봉우리가 곧게 솟아 하늘에 닿았는데 남쪽 봉우리가 약간 낮다. 바람과 날씨가 청명하면 봉우리 머리의 수목과 산 밑의 모래톱을 역력히 볼 수 있으며 순풍이면 이틀에 갈 수 있다. 일설에는 우산·울릉이 원래 한 섬으로서 지방이 백 리라고 한다.

4) 조선 시대의 독도(안용복 사건)

안용복 사건이란 1693년과 1696년 두 차례 안용복이 일본에 건너가 울릉도와 독도가 조선의 땅임을 주상한 일로, 조선과 일본 양국 간에 울릉도와 독도를 두고 영토 문제가 발생한 사건을 말한다. 조선의 기록에서는 '울릉도 쟁계(爭界)', 일본에서는 '죽도(다케시마)일건(竹島一件)'이라고 한다. 이 두 사건을 엄격히 구분하자면 1693년의 사건은 '안용복 납치 사건', 1696년의 사건은 '안용복 도일 사건'이라고 부를 수 있다.

1693년(숙종 19년) 3월 안용복과 40여 명의 어부가 울릉도에서 어로 작업을 하던 중 불법 어업을 하는 일본 어부들을 목격하고 그들을 내쫓는 과정에서 안용복과 박어둔이 일본 오키 섬으로 납치된다. 두 사람은 납치되어서도 울릉도와 독도가 조선의 땅임을 강하게 주장하다 다시 요나고(현재 도토리 현 지역의 도시)를 거쳐 나가사키로 보내지고, 에도막부의 조사를 받은 후 그해 11월 조선으로 돌아왔다. 그리고 에도막부는 조선인 출어 금지를 요청하는 서계(書契)를 조선 정부로 보내게 되고, 이 사건으로 조선과 일본 사이에서 울릉도와 독도를 둘러싼 2년간의 외교 논쟁이 벌어지게 된다.

허가 없이 월경한 죄로 2년간의 옥살이를 한 안용복은 1996년(숙종 22년) 3월에 어부, 양반, 승려들과 함께 울릉도와 자산도(독도)가 조선의 땅으로 명기된 '조선팔도지도'를 준비해 다시 일본으로 넘어간다. 그리고 관복을 준비해 '울릉자산 양도 감세장(鬱陵子山 兩島 監稅將, 울릉도와 자산도의 세금을 감독하는 관리)'으로 위장하여 울릉도와 독도가 조선의 땅임을 주장한다. 그리고 다시 추방되어 강원도 양양을 통해 돌아오게 된다. 조선 정부는 허가 없이 월경한 죄로 비변사(備邊司)에서 안용복을 조사했고 사형을 선고했으나 일본에서 울릉도와 독도가 조선의 땅임을 주장한 공과 쓰시마의 통간을 밝힌 공을 인정하여 유배형으로 감형시켜줬다(1697년 3월).

일본은 지금까지 안용복의 진술이 기록된 한국의 기록들이 신빙성이 없다고 주장해 왔다. 하지만 2005년 5월에 오키 섬에서 「원록 9 병자년 조선주착안 일권지각서」가 발견되었다. 이 문서는 안용복의 2차 도일 때 취조받은 내용이 기록된 것으로 내용을 보면, 다케시마(죽도, 울릉도)와 마쓰시마(송도, 독도)가 조선의 강원도 소속으로 기록해 놓았다. 이는 안용복의 진술 내용을 뒷받침하는 것이라 볼 수 있다.

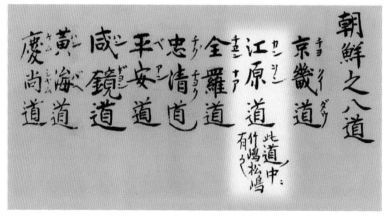

출처: 동북아역사재단 독도 바로알기(고등학생용)

「원록 8 병자년 조선주착안 일권지각서」 중 구술 조서 일부 조선과 일본의 울릉도와 독도를 둘러싼 2년간의 외교 논쟁은 1696년 1월 28일 에도 막부가 일본 어민들에게 울릉도와 독도에 가지 못하도록 하는 '도해금지령'을 내리면서 끝이 난다.

출처: 동북아역사재단
독도 바로알기
(고등학생용)

다케시마(울릉도) 도해금지령

이전에 마쓰다이라 신타로(松平新太郎)가 인슈(因州: 因幡)와 하쿠슈(伯州: 伯耆)를 다스리던 때 하쿠슈 요나고(米子)의 상인 무라카와 이치베(村川市兵衛)·오야 진키치(大屋甚吉)가 죽도(울릉도)에 도해하여 현재까지 어업을 해왔지만 향후에는 죽도 도해 금지를 명하니 이를 명심하라.

5) 조선 시대의 독도(안용복 사건 이후)

안용복 사건 이후 조선 정부는 울릉도와 독도에 대해 관심을 가지게 되었고 이후 각종 문헌을 통해 빈번하게 반영되기 시작한다. 『동국문헌비고』(1770년)에는 "울릉과 우산은 모두 우산국 땅인데, 우산은 바로 왜인들이 말하는 송도(松島)이다"고 기록되어 있다.

출처: 동북아역사넷

『동국문헌비고』 (1770년)

여지지(輿地志)에, "울릉(鬱陵)·우산(于山)은 다 우산국(于山國) 땅이며, 이 우산을 왜인들은 송도(松島)라고 부른다"고 되어 있다.

조선 후기 영조 때 학자 신경준이 지은 『강계고』(1756년)는 고대부터 조선까지 각 지역의 시대별 국토의 강계(疆界, 지리적 경계), 위치 등을 기록한 역사지리서로, 기록을 보면 울릉도와 독도를 보통 우산국이라고 하지만 두 개의 섬이며 우산도(독도)가 일본에서 말하는 송도(마쓰시마)라고 기록되어 있다. 또한 두 섬 모두 우산국에 속한다는 것으로 두 섬 모두 다 조선의 영토임을 확인하는 것이다.

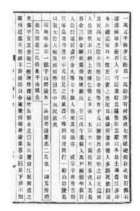

내가 살펴보니 『여지지』에 "일설에 우산과 울릉은 본래 한 섬이라고 하나 여러 도지를 상고하면 두 섬이다. 하나는 왜가 말하는 송도(마쓰시마)이다"라고 했으니 대체로 두 섬은 우산국이다.

출처: http://blog. daum. net/taeocho/287

『강계고』(1756년)

1808년(순조 8년)에 호조판서 서영보(徐榮輔)와 비변사 당상 심상규(沈象奎)가 왕명을 받들어 편찬한 『만기요람』은 조선의 재정과 군정에 관한 내용이 기록되어 있는데 이 책에도 울릉도와 독도에 관한 기록이 있다.

울릉도가 울진 정동쪽 바다 가운데 있다.
여지지에 이르기를, 울릉과 우산은 모두 우산국의 땅인데, 우산은 일본이 말하는 송도(松島)라고 하였다.

출처: 동북아역사재단 독도연구소

『만기요람』(1808년)

6) 근·현대기의 독도

대한제국은 1900년(고종 37년) 10월 25일 자로 전문 6개 조의 「울릉도(欝陵島)를 울도(欝島)로 개칭(改稱)하고 도감(島監)을 군수(郡守)로 개정(改正)한 건(件)」을 결정하고 같은 해 10월 27일 자 대한제국 관보를 통해 공포한다. 이 칙령 제2조에는 "군청의 위치는 태하동으로 정하고 구역은 울릉 전도(全島)와 죽도(竹島)와 석도(石島)를 관할할 것"을 규정하고 있다. 여기서 죽도는 울릉도에서 약 2km 떨어진 곳에 있는 섬으로서 울릉도에서는 대섬(대나무섬)이라고도 부르는데, 죽도는 대섬을 한자로 표기한 것이다. 석도는 당시 독도를 가리키는 돌섬의 전라도 사투리인 독섬을 한자로 표기한 것이다. 대한제국은 칙령 제41호의 관보 게재를 통해 독도가 울릉군수의 관할구역에 포함된 우리의 고유 영토임을 대외적으로 알렸다는 데 큰 의미가 있다.

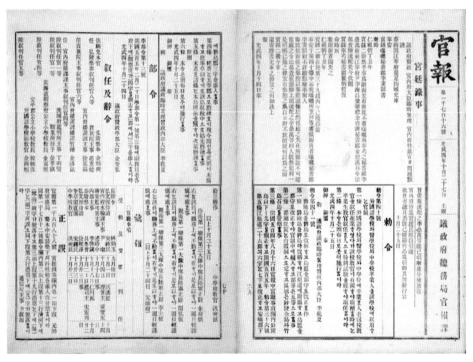

출처: 동북아역사재단 독도연구소

칙령(勅令) 제41호
울릉도(欝陵島)를 울도(欝島)로 개칭(改稱)하고 도감(島監)을 군수(郡守)로 개정(改正)한 건(件)

라. 일본 기록 속의 독도

독도에 대한 일본 최초의 기록은 『은주시청합기』(隱州視聽合紀)이다. 『은주시청합기』는 운주(雲州. 현재 시마네현 지역)의 지방 관리인 사이토 호센이 번주의 지시로 은주(현재 오키섬)에서 관한 역사, 지리 등을 기록한 조사보고서이다. 이 보고서에서는 울릉도를 죽도(竹島)로 독도를 송도(松島)로 기록하고 있다. 그리고 일본 영토의 북쪽 한계를 은주(오키 섬)로 기록하고 있는 것으로 보아 당시 일본은 독도를 자신의 영토가 아니라 조선의 영토로 인식하고 있었다는 것을 알 수 있다.

출처: 동북아역사재단 독연구소

『은주시청합기』(1667년)

은주는 북해 가운데 있고 오키 섬이라고 한다. ······ 술해 사이(북서 방향)를 두 낮 한 밤을 가면 마쓰시마(松島, 독도)가 있다. 또 한 낮 거리에 다케시마(竹島, 울릉도)가 있다. ······ 이 두 섬에는 사람이 살지 않는데, 고려(=조선)를 보는 것이 마치 은주(=이즈모)에서 은주를 보는 것과 같다. 그러므로 일본의 건지(乾地: 북서쪽 경계)는 이 주(此州)를 끝으로 삼는다.

1693년 안용복이 울릉도에서 불법 어업을 하는 일본 어민들을 내쫓는 과정에서 일본 어민들에게 납치되어 일본으로 끌려가게 된다. 이 사건으로 조선과 에도막부(일본) 간의 울릉도와 독도를 둘러싼 영토 논쟁이 시작되고, 2년간의 논쟁 끝에 1695년 일본의 에도막부는 울릉도와 독도는 '돗토리번에 속하지 않는다'라고 결정한다. 그리고 1696년 1월 일본 어부들이 울릉도와 독도에서 불법 어업을 하지 못하도록 '다케시마 도해금지령'을 내린다.

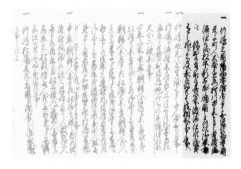

죽도(울릉도)는 이나바, 호키 부속이 아닙니다. (중략) 죽도(울릉도), 송도(독도) 그 외 양국(이나바, 호키)에 부속된 섬은 없습니다.

출처:: 동북아역사재단 독도연구소

에도막부에 대한 돗토리번 답변서

1868년 일본은 에도막부가 무너지고 새로운 메이지 정부가 수립된다. 메이지 정부의 태정관(총리)은 1869년 외무성 관료를 조선에 파견하여 조선의 사정을 염탐하도록 지시한다. 이 외무성 관료들의 조사를 바탕으로 1870년 일본 외무성의 보고서가 작성되는데 바로 이 문서가 「조선국교제시말내탐서」(1870년)이다. 이 문서에서는 울릉도와 독도가 조선의 영토가 된 사정이 기록되어 있다.

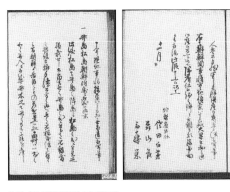

죽도(울릉도, 다케시마)·송도(독도, 마쓰시마)가 조선에 속하게 된 사정
송도는 죽도 옆에 있는 섬입니다. 송도에 관해서는 지금까지 기재된 기록이 없지만 죽도에 관해서는 원록 연간에 주고받은 서한에 기록이 있습니다. 원록 연간 이후 한동안 조선이 거주하는 사람을 파견하였으나 이제는 이전처럼 무인도가 되어 있습니다. 대나무나 대나무보다 두꺼운 갈대가 자라고 인삼도 저절로 나며 어획도 어느 정도 된다고 들었습니다.

출처: 동북아역사재단 독도연구소

「조선국교제시말내탐서」(1870년)

또한 메이지 정부는 국가체제를 정비하고 지도 편찬 작업을 진행한다. 이 과정에서 1876년 10월 16일, 시마네 현은 울릉도와 독도를 시마네 현(島根縣)으로 포함할지 여부에 대해 내무성에 질의하게 되고, 1877년 3월 내무성은 시마네 현의 질의를 다시 국가 최고 기관인 태정관에 최종 결정을 의뢰하게 된다. 그리고 태정관은 1877년 3월 20일자로 울릉도와 독도가 일본의 영토가 아님을 최종 결정 내린다.

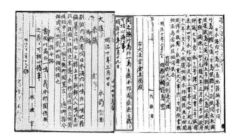

'죽도(울릉도) 외 1도(독도)'는 일본과 관계없으니 그리 알라.

출처: 독도 박물관

태정관 지령(1877년)

2. 고지도로 보는 독도

가. 우리 고지도로 보는 독도

1) 우리나라 고지도의 역사와 독도

글이 만들어지기 전부터 사람들의 생각을 담아냈던 것이 지도다. 지도는 우리가 사는 공간을 사실 그대로 기록하기도 하고 상상으로 그려내기도 한다. 대부분 지도 제작자가 사는 지역은 사실 그대로 그리고, 모르는 지역은 상상으로 그려낸다. 조선 중기의 대표적인 지도 '천하도'와 중세 유럽의 대표 지도인 'TO 지도'를 보면 그렇다. 고지도 속 독도도 이와 같다. 독도는 오랫동안 우리 영토였지만 가깝지는 않은 곳이었다. 고지도 속에서 독도는 어떻게 표현되었을까? 우리나라 지도 역사에서의 독도 표현에 대해 알아보도록 한다.

 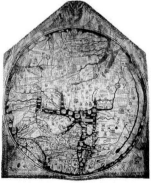

조선의 '천하도'와 중세 유럽의 'TO 지도'. 당시 자신이 사는 지역은 명확히 그려냈지만, 주변 지역은 상상의 세계가 그려져 있다

우리나라 지도의 역사는 1953년 북한의 평안남도 순천군에서 4세기경의 고구려 벽화 요동성총(遼東城塚)에 그려진 '요동성도'가 발견되면서부터다. 물론 당시 지도는 요동성만을 그려낸 지도로 독도가 등장하지 않았다.

『삼국사기』에도 고구려 영류왕 11년(628)에 견당사를 통해 당 태종에게 봉역도(封域圖)라는 지도를 보냈다는 기록이 있지만, 현존하지는 않는다. 또한 현존하는 동양 최초의 세계지도인 '혼일강리역대국도'에서도 독도는 찾아볼 수 없다. 독도가 그려진 지도로는 조선의 '팔도총도'가 최초이다. 이후에 제작된 동국대지도를 비롯하여 대동여지도 필사본, 아국총도, 해좌전도 등 대부분의 고지도에 독도가 그려져 있다.

2) 혼일강리역대국도지도와 독도

혼일강리역대국도지도 1402년(태종 2)에 좌정승 김사형(金士衡), 우정승 이무(李茂)와 이회(李薈)가 만든 세계지도이지만 현재 일본 류코쿠대학에서 보관하고 있다

현존하는 동양 최고의 세계지도 혼일강리역대국도지도(混一疆理歷代國都之圖)는 조선이 그린 지도다. '혼일(混一)'은 중국을 중심으로 하는 '화(華)'와 중국 주변의 오랑캐 곧 이(夷)를 '하나로 아우른다'는 뜻이고, '강리(疆理)'는 '변두리 지경을 다스린다'는 뜻으로,

'다스려야 할 역대 왕조와 세계의 지도'를 의미한다.

팔도도(八道圖)를 그린 의정부 검상(檢詳)이었던 이회(李薈)와 김사형(金士衡), 이무(李茂) 등이 태종 2년(1402)에 완성한 지도다. 이 지도는 동양 지도가 가지고 있는 '하늘은 둥글고 땅은 네모지다'는 천원지방(天圓地方)의 인식이 반영되어 있다. 중국을 중심으로 하는 중화사상과 조선을 확대해서 인식하고 있으며, 남쪽으로는 일본을 그렸고, 서쪽으로는 인도와 아라비아 반도, 유럽, 그리고 아프리카까지 그린 세계지도다.

이 지도가 제작된 과정은 지도 위와 아래에 빼곡히 쓰인 발문에서 상세히 기록하고 있다. 지도의 윤곽이 정확한 '성교광피도'와 역대제왕국도(歷代帝王國都)와 성도(省都)가 잘 나타난 '혼일강리도'는 1399년 김사형이 중국에서 가져온 것이고, 일본지도는 1401년 박돈지(朴敦之)가 일본에 사신으로 가서 가져온 것이다. 조선지도는 이회가 제작한 팔도도에서 가져온 것이다. 최근 연구에 의하여 서유럽과 아프리카의 정확한 기록이 중국의 지도를 넘어선 것으로 조사되었다.

이 지도는 울릉도는 그려져 있으나 독도가 그려져 있지 않다. 그것은 삼국 시대부터 조선 초까지 인식된 울릉도와 독도, 이 두 섬을 하나로 보는 일도(一島)라는 역사적 사실에 기인한 것 때문이다. 이것은 이 지도가 당시 역사・지리적 사실을 그대로 반영하고 있다는 것을 담아낸 증거임을 보여주는 것이다.

3) 조선 팔도총도 속에 우산도를 그리다

출처: 동북아역사재단, 우리 땅 독도를 만나다

팔도총도(1531년)

팔도총도(1531년)는 우리나라에서 최초로 독도가 등장하는 지도다. 팔도총도는 앞에서 배웠던 『동국여지승람』을 중종 26년에 증보한 『신증동국여지승람』의 서문 뒤에 나오는 '동람도(東覽圖)'의 조선전도에 해당하는 부분이다. 국가의 기밀을 지키기 위해 누구나 알 수 있는 주요 산과 하천, 섬, 도(道)와 바다의 명칭 등 간단한 정보만을 수록하였다. 지도를 보면 독도는 우산도(于山島)로 표기하고, 동해 지명은 바다가 아닌 동해신(東海神)을 제사하는 강원도 양양에 '동해(東海)'라고 표기하였다.

독도는 남북으로 긴 타원형으로 울릉도의 동쪽이 아닌 서쪽에 그려져 울릉도와 독도의 위치가 서로 뒤바뀌어 표현되어 있다. 일본은 이를 두고 우산도가 독도가 아니라고 주장하고 있다.

4) 동국대전도, 독도는 오른쪽에 그려지다

보물 1538호로 지정된 동국대지도(東國大地圖)는 18세기 중엽 정상기(1678~1752)가 제작한 우리나라 전국지도의 필사본이다. 15세기에 정척이 만든 동국지도(東國地圖)와는

출차: 동북아역사재단, 우리 땅 독도를 만나다

동국대전도(1755~1757년)

다른 지도이지만 이 지도가 동국대지도를 만드는 데 영향을 미쳤다. 『동국여지승람』처럼 동국지도도 '동국'이라는 이름은 우리나라를 가리키는 별칭이며, '대지도'는 그 크기가 가로 147cm, 세로 272cm에 달할 정도로 상당히 큰 전국지도이기 때문에 붙여진 것이다.

조선뿐만 아니라 주변 만주와 청나라 동쪽 해안 그리고 일본도 그렸으며, 백리척이라는 축척을 사용하여 거리를 측정할 수 있었다.

동국대지도는 울릉도와 독도를 정확히 그린 지도로 동해 해역에 울릉도를 그리고, 그 우측에 우산(독도)을 표기하였다. 이 지도는 독도를 울릉도 우측에

그렸다는 점에서 의의가 있지만, 일본에서는 우산도의 위치가 현재의 죽도와 같다며 우산도가 죽도라고 주장하고 있다.

5) 대동여지도에는 독도가 없다

1861년(철종 12) 김정호가 제작하여 1864년(고종 1)에 수정판이 간행된 『대동여지도 (大東輿地圖)』는 우리나라를 대표하는 역사상 최고의 지도다. 대동여지도가 유명해진 계기는 아이러니하게도 일제 침략기 조선총독부가 1934년에 교과서 『조선어독본朝鮮語讀本』에 김정호와 대동여지도를 수록한 이후부터다.

『대동여지도(大東輿地圖)』의 '대동(大東)'은 '동쪽의 큰 나라 조선'을, '여지(輿地)'는 '수레같이 만물을 싣는 땅'인 국토를 뜻한다. 즉 '조선의 지도'라는 뜻으로 중국의 영향을 벗어난 자주적 의식이 반영되었다. 대동여지도는 가로 약 3.8m, 세로 약 6.7m의 대형 지도로 현존하는 전국지도 중 가장 크다. 그 특징을 보면 다음과 같다.

첫째, 동서 80리 간격 19면, 남북 120리 간격 22층으로 나누어 첩으로 만든 분첩절첩식 지도다. 목판 한 장에 지도 두 면이 들어가도록 제작하여 하나의 층을 1첩으로 하고 국토 전체를 22첩으로, 지도를 상하로 연결하면 전국 지도가 만들어진다.

둘째, 총 126개의 목판 면에 지도를 새겨 찍어냈기에 인쇄가 가능한 지도로 대량 인쇄를 통해 지도의 대중화에 기여하였다.

셋째, 지도 안에 그린 단선의 도로망에 10리마다 방점을 찍어 표시하여 거리와 축척을 파악할 수 있도록 제작하였다. 대동여지도는 김정호가 먼저 만든 청구도를 토대로 만든 것으로 보는 사람들이 편하도록 방안 격자를 제거하였다. 청구도와는 달리 지도 외곽의 방안 눈금도 없는데, 이는 방점으로 대신할 수 있었기 때문이다.

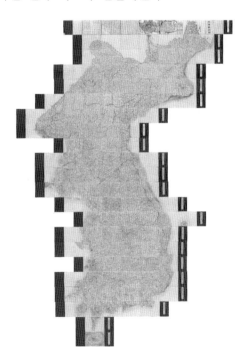

넷째, 지도표(地圖標)라는 독특한 범례를 고안하여 사용하였다. 목판이었기 때문에 가

능한 한 지도상에 표시된 다양한 사상들을 간단한 기호로 표시하는 것이다. 영아(營衙)·읍치(邑治)·성지(城池)·진보(鎭堡)·역참(驛站)·창고(倉庫)·목소(牧所)·봉수(烽燧)·능침(陵寢)·방리(坊里)·고현(古縣)·고진보(古鎭堡)·고산성(古山城)·도로(道路) 등을 간략한 부호로 표현하였다.

다섯째, 개별 산봉우리를 그리지 않고 산줄기를 연결해 그렸다. 등고선이 없어 산의 높이는 알 수 없지만, 선의 굵기를 통해 산지의 험한 정도를 파악할 수 있다. 산줄기가 연결되고 그 사이 하천이 그려져 분수계를 구분할 수 있으며, 이를 통해 생활권을 파악할 수 있다.

대동여지도의 목판들은 현재 12장(보물 1581호)이 남아 있는데, 국립중앙박물관에 11장(25면), 숭실대 기독교박물관에 1장(2면)이 보관 중이다. 무엇보다 과학적인 기법에 판화적인 예술미까지 갖추고 있어 우리나라 지도 역사상 최고의 작품으로 칭송받고 있다.

대동여지도에는 독도가 그려져 있지 않다. 대동여지도는 크게 원본인 목판본과 한지를 얹어 베끼는 방식의 필사본으로 구분할 수 있다. 원본인 목판본에서는 독도가 그려져 있지 않지만, 필사본은 대부분 그 후대 사람들이 원본을 보고 그대로 따라 그리는 방식으로 만들어지므로 부족한 부분들은 채워 넣는 경우가 많다.

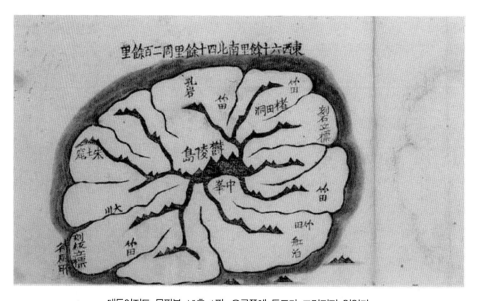

대동여지도 목판본 15층 1판. 오른쪽에 독도가 그려지지 않았다

6) 대동여지도에는 독도가 있다

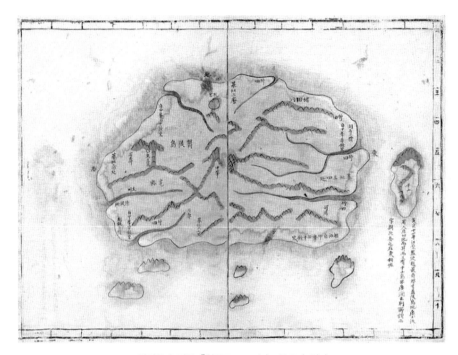

김정호가 만든 『청구도』(1834년). 독도가 있다

김정호는 앞서서 제작된 조선의 지도들을 모두 참고했기 때문에 독도의 존재를 알고 있었을 것으로 판단한다. 그것은 그가 대동여지도 이전에 그린 청구도(靑邱圖)에 독도가 그려져 있기 때문이다. 그렇다면 독도를 표기하지 않은 이유는 무엇일까?

첫째, 대동여지도가 목판본으로 제작되어 판각의 한계로서 독도가 제외되었다는 주장이다. 독도까지 그리기 위해서는 빈 판이 두 개가 더 필요하므로 독도를 제외했다는 것이다. 전체 지도 판형상에서 독도의 위치가 울릉도에서 오른쪽으로 두 칸이 더 갈 경우 구조면에서 어울리지 않고, 울릉도와 독도 사이에 빈판 하나를 두어야 하는 문제가 발생하기 때문이다.

둘째, 대동여지도에서는 축척을 생각해서 규모가 작은 섬은 제외되었다는 주장이다. 하지만 이 주장에 대해서는 학계에서 받아들이지 않고 있다.

셋째, 대동여지도는 정확한 지도이기 때문에 일부 경험하지 못한 지역은 부속 섬으로 인식을 하고는 있지만 그리지는 않았다는 주장이다. 대동여지도가 완성된 지도가 아니라 미완의 지도라는 점이다. 전국을 돌아다녔지만, 직접 보지 못한 지역은 나중으로 미루었다는 것이다.

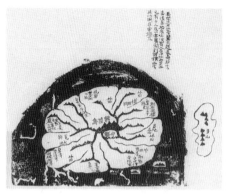

대동여지도 필사본(일본 국회도서관)

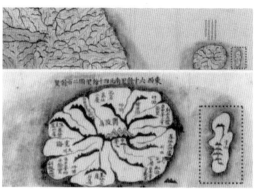

출처: 한국학중앙연구원 장서각

독도의 옛 이름인 '우산(于山)'이 선명하게 그려진
대동여지도(한국학중앙연구원)

하지만 일부 대동여지도에는 독도가 그려져 있다. 이것은 원본이 목판본이 아니라 지도를 이용하여 새롭게 그린 필사본에서 발견된 것이다. 한국학중앙연구원 장서각연구소는 2012년 고문헌을 조사하면서 서울 서대문구 한국연구원 자료실에서 독도가 그려진 필사본을 찾았다. 이 필사본의 울릉도 오른쪽에는 '우산(于山)'이라고 적힌 섬이 그려져 있다. 우산은 독도의 옛 이름이고, 바다는 파란색, 섬은 노란색으로 칠해져 있다. 현재 국내외에 보관 중인 대동여지도 목판본의 필사본은 총 25점으로 그동안 독도가 그려진 대동여지도는 일본 국회도서관에 소장된 목판본 한 부뿐이었는데 국내에서 새롭게 한 부가 발견된 것이다. 지도에 "영종 11년 강원감사 조최수가 울릉도를 시찰했고 우산도가 울릉도 동쪽에 있다"고 기록하고 있다. 대한제국이 성립된 1987년까지는 영조를 영종이라고 불렀기 때문에 이 필사본은 1861년에서 1897년에 제작된 것으로 본다.

7) 외국인을 위한 지도 '조선전도'에 그려진 독도

출처: 동북아역사재단

조선전도(1846년)

한국 최초의 신부인 김대건 신부가 외국 선교사들에게 조선을 소개하고 활동을 도와주기 위해 조선 지도를 만들게 되는데, 이 지도가 조선총도다. 선교사들을 위해 각 지명은 라틴어로 표기하였다. 베이징에 있던 프랑스 영사 드 몽티니(De Montigny)에게 이 지도가 전달되면서 조선이 서양에 널리 알려지게 되었다. 그 원본은 프랑스 국립도서관에 소장되어 있고, 1978년 사본이 국내에 입수되어 현재 국회도서관과 독도박물관에 소장되어 있다.

지도를 보면 독도가 울릉도 바깥쪽에 정확히 그려졌고, 지명이 비록 프랑스어로 표기되긴 했지만, 울릉도는 Oulengto, 독도는 당시의 명칭 Ousan으로 표기되어 있어 우리 영토임을 증명해주고 있다.

8) '아국총도'는 독도와 대마도를 그리다

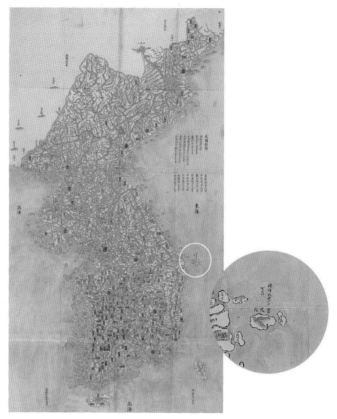

출처: 동북아역사재단

아국총도(18세기 후반)

아국총도(我國總圖)는 정조대에 제작된 지도첩인 여지도(輿地圖)에 수록된 전국지도다. 정상기의 동국지도를 따른 전체적인 윤곽이 엿보이고 무엇보다 화려한 색채가 돋보이는 지도로 산줄기를 녹색으로, 하천을 청색으로, 그리고 팔도의 군현을 색채를 다르게 하여 구분하였다.

오행사상에 따라서 군현의 명칭을 동쪽(강원도)은 푸른색, 서쪽(황해도)은 흰색, 남쪽 (전라도, 경상도)은 붉은색, 북쪽(함경도)은 검은색, 그리고 중앙(경기도, 충청도)은 황색 등 5방위 색으로 기록하고 있다.

당시 도서 지역에 대한 관심이 증대되어 바다의 작은 섬까지 명확히 기록하고 있다.

바다는 동해(東海), 서해(西海), 남해(南海)로 표기하였고, 울릉도 동쪽에 우산도(于山島)라는 명칭으로 표시되어 있고 대마도까지 그려져 있다.

9) 독도의 과거 역사까지 기록한 지도, '해좌전도'

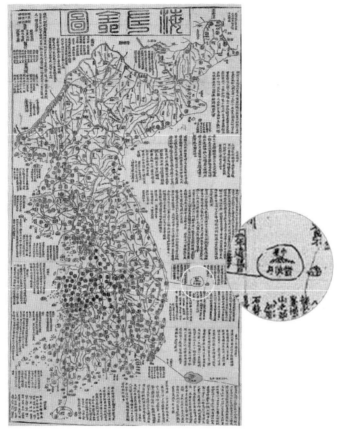

출처: 동북아역사재단

해좌전도(19세기 중기)

해좌전도(海左全圖)는 19세기 중반경에 제작된 것으로 추정되는 목판본 조선전도다. 제작자가 누구인지는 알 수 없으며 인쇄본 지도가 지금도 많이 남아 있어 당시에 지도에 대한 수요가 많았던 것으로 추정할 수 있다. 지도의 윤곽과 내용은 정상기의 동국지도와 비슷하여 산계(山系)와 수계(水系), 자세한 교통로 등이 동일한 방법으로 그려져 있다. 지도의 여백을 보면 빼곡히 글로 채워져 있는데 이 공간에는 백두산, 금강산, 설악산

등 10여 개 명산의 위치와 산수에 대한 설명이 있고, 섬, 정계비, 초량 왜관(草梁倭館) 등
에 대해서도 기록하고 있다. 각 읍 옆에 서울까지의 거리를 기록하였으며, 도로는 홍색
으로 표현하고 있다. 또한 고조선(古朝鮮), 한사군(漢四郡), 신라구주(新羅九州), 고려팔도
(高麗八道)의 고을 수를 기록하여 과거와 현재를 비교할 수 있는 지도다.

동해에는 울릉도와 그 동쪽에 독도(우산도)를 표현하고 주기를 달았다. 『신증동국여지
승람』에 기록된 본래의 우산국으로 신라의 이사부가 항복시켰다는 울릉도, 독도의 역사
와 지리가 표현되어 있다.

10) 관보에 실린 평화선 지도, 그 안에 독도가 있다

6·25전쟁 중이던 1952년 1월 18일 대한민국 정부는 「인접 해양에 대한 주권에 관한
선언」을 공포하는데, 이를 일명 '평화선 선언'(국무원 고시 제14호)이라고 부른다. 사실
당시는 1951년 샌프란시스코 강화조약 체결로 인해 1945년에 설정된 맥아더 라인이 폐
기될 상황에 처해 있었다.

그 선포 배경을 살펴보면 ① 한일 간의
어업상의 격차가 심하였고, ② 어업자원 및
대륙붕 자원의 보호가 시급하였으며, ③ 세
계 각국 영해의 확장 및 주권적 전관수역화
추세가 일고 있음에 대처하였고, ④ '맥아더
라인'의 철폐에 따라 보완책의 하나로 설정
한 것이다.

우리 정부는 위기 상황에서 국무회의 의
결을 통해 대통령 명의로 4개 조의 평화선
선언을 한다. 이 선언을 통해 한반도와 그
주변 도서에 인접한 해양에 있는 모든 자연
자원(수산물, 광물 등)에 대해 우리나라의
주권을 선언하였으며, 그 해양 경계선도 그
었다. 무엇보다 독도를 평화선 내에 둠으로
써 대한민국의 주권이 미치는 부속도서임을

'관보'에 함께 실린 평화선 지도

명확히 하였다. 평화선이 선포된 이후 1952년 9월 국제연합군 사령관 M. W. 클라크가 설명한 수역이 거의 평화선과 일치하였다.

나. 일본 고지도로 보는 독도

1) '개정 일본여지로정전도', 독도를 조선 영토로 기록하다

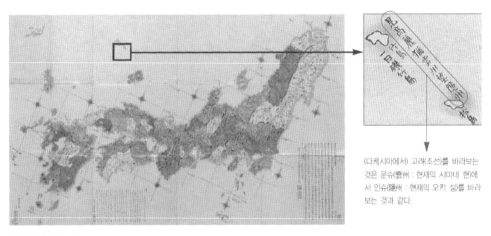

(다케시마에서) 고려(조선)를 바라보는 것은 운슈(雲州: 현재의 시마네 현)에 서 인슈(隱州: 현재의 오키 섬)를 바라 보는 것과 같다.

출처: 동북아역사재단

개정 일본여지로정전도

　개정 일본여지로정전도(改正日本ツ輿地路程全圖, 1779년)는 에도막부는 1775년 민간인 나카구보 세키스가 독도와 울릉도를 일본 영토로 표시해 제작한 지도가 발행한 지도를 수정한 것이다. 나카구보 세키스가 만든 지도를 막부 주관으로 1779년 다시 독도와 울릉도를 조선 땅으로 표시한 일본여지로정전도 개정판이다.

　황급히 민간이 만든 지도를 수거해 새롭게 개정한 지도를 만들어 배포한 이유는 에도 막부가 독도 근해에 일본인 출어를 금지해달라는 안용복 일행과의 약속을 지킨 것이다. 1904년 러일전쟁이 일어나기 전부터 이미 울릉도와 독도가 조선의 땅임을 인정한 것이다. 지도를 자세히 살펴보면 일본의 영토는 모두 채색되어 있는 데 반하여 '다케시마(竹島: 울릉도)', '마쓰시마(松島: 독도)' 두 섬은 조선 본토와 함께 채색되지 않은 상태로 그려져 있다. 또한 두 섬 옆에 "고려(조선)를 바라보는 것은 운슈(현재의 시마네 현)에 있는 인슈(현재의 오키 섬)를 바라보는 것과 같다"고 기록하고 있다. 이것은 울릉도, 독도가 조선의 것이며, 오키 섬은 일본의 것이라는 것을 설명한 것이다.

2) 한·중·일 서로 다른 색을 칠한 '삼국접양지도'

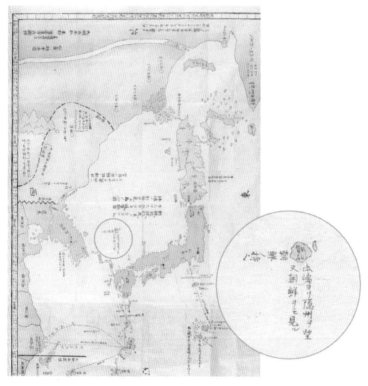

출차: 동북아역사재단

삼국접양지도(1785년)

삼국접양지도(三國接壤之圖)는 일본의 지도 중 한·중·일 삼국을 그린 지도다. 1785년 하야시 시헤이의 『삼국통람도설』에 첨부된 5장의 부도 가운데 하나다. 이 지도는 삼국을 서로 다른 색으로 칠해서 구분해 놓고 있는데, 조선은 황색, 중국은 붉은색, 일본은 연한 녹색으로 채색을 달리하고 있다. 지도의 중앙의 동해를 보면 가운데에 두 개의 섬이 보이는데 하나는 울릉도이고 다른 하나는 독도다. 울릉도와 독도는 조선과 같이 황색으로 칠해 조선의 영토임을 알 수 있다. 더구나 그 옆에 "조선의 소유다[朝鮮ノ持也]"라고 적어 조선의 영토임을 더욱 분명히 밝히고 있다.

3) 태정관 문서의 첨부 지도인 '기죽도약도', 일본 전역을 그린 '대일본전도'

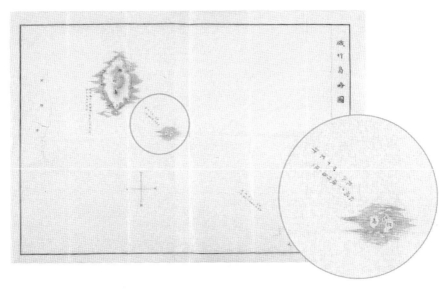

출처: 동북아역사재단

기죽도약도(1877년)

일본 내무성이 1877년 최고 행정기관인 태정관에 '죽도(울릉도) 외 1도'를 지적에 포함할 것인가에 대해 물었을 때, 태정관에서는 두 섬이 일본과 관계없다는 공식 문서를 보낸다. 당시 '죽도(울릉도) 외 1도'의 1도가 독도라는 것은 위 관련 공식 문서의 첨부지도에서 볼 수 있는데, 태정관 지령과 함께 첨부된 지도가 「기죽도약도(磯竹島略圖)」다.

독도는 당시 일본의 독도 명칭이었던 송도(松島)로 표기되어 있다. 지도를 보면 일본이 1905년 이전부터 울릉도와 독도가 일본의 영토가 아니라는 점을 명확히 파악하고 있었음을 알 수 있다.

4) 대일본전도, 독도를 그리지 않다

대일본전도(1877년)

기죽도약도가 제작된 1877년에는 메이지 정부가 만든 일본 전도인 대일본전도가 있다. 육군참모국이 일본 영토 전역을 자세하게 그린 지도로 이것을 보면 울릉도와 독도는 보이지 않는다. 작은 섬들을 자세히 그린 지도로 당시 일본의 지도 과학 기술을 엿볼 수 있는 대표지도라는 점에서 볼 때 독도가 제외된 것은 그들이 독도를 인식하지 못한 것이 아니라 독도가 우리나라의 영토라는 점을 명확히 인정하고 있었기 때문이라고 할 수 있다.

5) '대일본국전도' 독도는 오키 섬과 아무런 관련이 없다

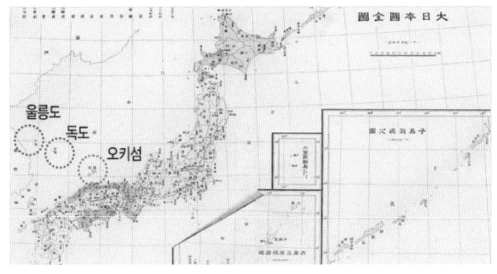

대일본국전도(1892년)

메이지 정부 시기 일본은 경제가 성장하면서 과학 기술의 성장 속도도 급속히 빨라진다. 특히, 서양의 측량 기술을 받아들인 일본은 지도를 제작하는 기술에서 큰 진전을 보이게 된다. 이를 대표하는 지도가 바로 오노에 이노스케(小野英之助)의 '대일본국전도(大日本國全圖)'(1892년)다. 이 지도는 보통학전서 제16편 '만국신지도(萬國新地圖)'에 수록된 일본전도다.

지도를 살펴보면, 색을 칠해 일본의 각 지역을 표시하고 있는 것을 확인할 수 있다. 그런데 울릉도와 독도는 일본의 영토와 달리 색이 칠해져 있지 않다. 이것은 울릉도와 독도를 조선의 영토로 보고 있는 것이다. 오키 섬과 비교해보면 다른 지역과 달리 황색으로 칠하고 있어 울릉도·독도와 너무나 큰 색 대비를 보인다. 이것은 울릉도와 독도가 명확히 일본 땅이 아니라는 것을 증명하는 것이다.

이외에 고토 쓰네타로(後藤常太郎)가 제작한 '대일본분현지도(大日本分縣地圖)'(1895년)는 시마네 현 관내 위치와 거리 등을 매우 정확하게 나타내고 있는데 독도는 포함되어 있지 않다. 또한 하마모토 이사오(濱本伊三郎)가 제작한 '극동일로청한사국대지도(極東日露淸韓四國大地圖)'(1904년)는 우측 하단에 조선신지도(朝鮮新地圖)를 부록으로 제시하고 있는데, 울릉도와 독도를 강원도와 동일한 연한 보라색으로 채색하고 있다.

다. 다른 나라 고지도로 보는 독도

1) 프랑스가 그린 '조선왕국전도'

조선왕국전도(1737년)

왕실 지리학이 발달했던 유럽이 동양에 대한 관심이 많아지면서 아시아 지역 여러 나라의 지도를 제작하였다. '조선왕국전도'는 18세기(1737년) 프랑스 왕실 지리학자였던 J. B. B. 당빌이 제작한 서양 최초의 한국전도로 『신중국지도첩(NOUVEL ATLAS DE LA CHINE)』에 삽도로 들어가 있는 지도다.

이 지도는 당시 아시아에 관한 모든 지도와 참고자료들을 검토하여 정확성이 무척 뛰어났다. 지명이 중국어식 발음표기에서 온 것이지만 일부는 일본식 한자 발음의 표기가 포함된 것이 특징이다. 국경이 압록강과 두만강 위 간도를 포함하고 있어 당시 우리 영토가 어디까지였는지 정확히 파악할 수 있는 중요한 자료가 되기도 한다. 특히 울릉도와 독도는 중국어 발음으로 울릉도(鬱陵島)를 Fan-ling-tao, 독도[于山島]를 Tchian-chan-tao로 표기하였다. 독도가 바르게 표기되지 않은 것은 우산도(于山島)의 우(于)를 천(千)으로 읽었기 때문이다.

2) 러시아와 일본이 그린 지도, '조선동해안도'

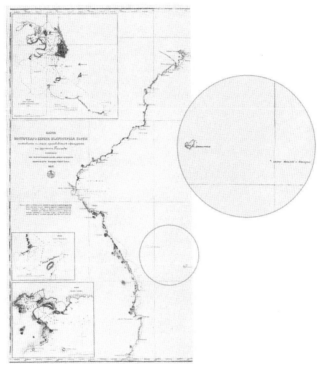

출처: 동북아역사재단

조선동해안도(1857년)

조선의 동해 바다를 조사하여 그린 지도 두 장이 있다. 한 장은 러시아에서, 한 장은 일본에서 그린 지도다. 러시아에서 그린 지도는 1854년 해군 팔라다(Pallada)호의 장교들이 조선의 동해안을 세밀하게 측량하여 그린 것이다. 1857년 러시아 해군부 수로국은 이 결과물을 토대로 조선동해안도를 제작하게 된다.

이 지도에는 울릉도와 함께 독도를 정확히 그려내고 있다. 독도는 지금과 같이 두 개의 작은 섬으로 그려져 있고, 서도는 올리부차(Olivutsa), 동도는 메넬라이(Menelai)로 표기되어 있다. 이것은 당시 러시아가 울릉도와 독도를 우리 영토로 인정하고 있었다는 것을 의미한다.

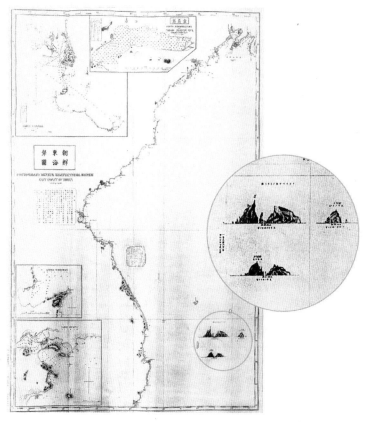

조선동해안도(1876년)

이 지도는 러시아 해군부 수로국이 제작한 '조선동해안도'를 바탕으로 1876년 일본의 해군 수로부에서 이를 번역해 '조선동해안도'를 제작한 것이다. 이 지도에서 보면, 울릉도와 독도를 우리 영토로 정확히 파악하고 있다. 이것은 러시아와 같이 일본도 독도를 한국의 영토로 인정하고 있다는 것이다.

3) 프랑스 국립지리원이 그린 지도 '강릉'

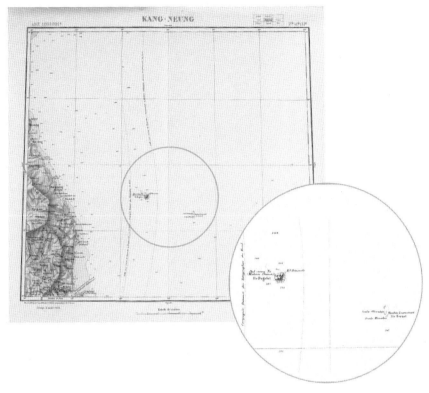

출처: 동북아역사재단

강릉(1904년)

프랑스에서 지도를 제작하였던 기관은 군지도제작소였다. 현재 프랑스 국립지리원 (IGN)의 전신이기도 한 이곳에서는 1898년 아시아 지역에 대한 군사적, 상업적 목적으로 지도를 제작하였다. 이때 오랫동안 수집한 자료를 바탕으로 강릉, 서울, 제주, 블라디보스토크 지도를 함께 발간하였다.

독도 지명은 러시아, 프랑스, 영국 등에서 사용하던 용어를 모두 표기하였다. 즉 러시아의 올리부차[Scala Olioutsa], 메널라이[Scala Manelai], 프랑스의 리앙쿠르 록스[Rockes Liancourt], 영국의 호넷[Ile Hornet] 등이 모두 표기되어 있다.

3. 독도의 자연환경

가. 독도의 생성과 기후

1) 독도의 생성 과정

독도는 백두산, 제주도, 울릉도와 같이 화산 활동으로 형성된 섬이다. 독도는 해수면 밑이 높이 2,000m, 직경 20~25㎞인 한라산 크기의 화산체다. 독도는 약 250만 년 전에 형성된 울릉도, 약 120만 년 전에 형성된 제주도보다 이른 시기인 신생대 제3기 약 450만 년 전부터 생성되었다.

약 460만 년 전	약 250만 년 전	약 120만 년 전
독도	울릉도	제주도

독도는 울릉도와 제주도보다 형성 시기가 이르다

독도의 첫 시작은 신생대 제3기 플라이오세인 약 450만 년 전부터 화산 분출이 시작되었고, 이후 200만 년에 걸쳐 여러 차례 수중 분출이 이루어지면서 진화하였다. 독도의 진화 과정은 다음과 같다.

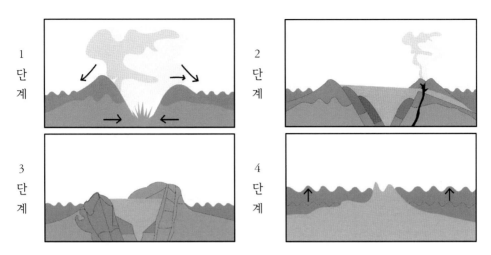

독도의 형성 단계, 크게 4단계의 과정을 거치면서 독도가 만들어졌다

1단계, 독도해산의 하부에 온도가 높고 점성이 낮은 용암이 흘러나오면서 순상의 넓고 평평한 화산이 만들어지는 조용한 과정에서 수면에서 물과 용암이 접촉하면서 폭발적인 분출이 일어난다.

2단계, 화산체의 정상부에 분화구가 만들어지고 이후로도 용암이 땅의 약한 틈을 따라 흘러나오면서 화구가 막히게 된다. 이렇게 닫혀버린 화구 속에 용암들이 모이면서 거대한 힘을 가지게 되고, 결국에는 강력한 화산 폭발이 일어나게 되며, 평탄한 화산 위에 급경사의 화산이 만들어지게 된다. 250만 년 전에 화산활동을 멈추었고 당시에는 지금보다 수십 배가 더 큰 울릉도 규모의 거대한 화산체였다.

3단계, 화산활동이 멈추게 된 다음부터는 응회암과 각력암 등이 미처 굳어지기도 전부터 단층과 주상절리를 따라 파랑의 침식 작용을 받게 된다. 여러 비탈면이 붕괴되고, 220만 년 전에는 두 개의 섬으로 나누어지게 된다.

4단계, 독도의 상부는 침식이 계속되고 해수면의 상승으로 현재의 모습을 갖추게 되었다.

2) 연중 온화한 독도의 기후

기후는 크게 기온·강수량·바람 세 가지 요소로 이루어진다. 독도의 기후 요소의 값을 살펴보면 다음과 같다.

독도는 연평균 기온이 약 12~13℃ 정도이다. 동위도의 육지 지역에 비해 상대적으로 해양의 영향을 많이 받아 가장 추운 1월 평균 기온이 1℃, 가장 더운 8월 평균 기온이 23℃ 정도다. 이처럼 독도는 그 수리적·지리적 위치의 특색에 따라 전형적인 온대 해양성 기후가 나타난다.

독도의 연평균 강수량은 약 700~800mm 정도다. 독도의 연평균 강수량에 대해 1,300mm나 1,800mm로 제시한 값은 울릉도의 값이거나 어느 한 해의 값이다. 기후 값은 어느 한 해의 값을 통계로 하는 것이 아니고 30년 값을 기후 값으로 한다. 물론 최근 기후 변화가 커서 10년을 통계로 잡는 사례도 있다. 동북아역사재단에서 제공한 강수량을 울릉도와 비교해보면 확연한 차이가 나는 것을 확인할 수 있다.

독도의 연평균 풍속은 4.3m/s로 바람이 센 편이다. 이로 인해 다른 지역에 비해 풍랑 주의보 발령이 많아 선박을 운행하지 못하는 경우가 많다.

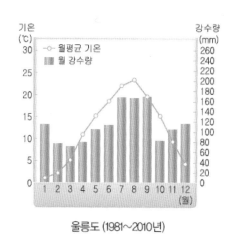
울릉도 (1981~2010년)

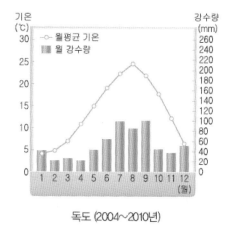
독도 (2004~2010년)

출처: 동북아역사재단

울릉도와 독도의 기온과 강수량의 변화

3) 독도의 해저 지형

동해 바다에 들어가면 독도 주변에 2,000m에 달하는 산들이 바닷속에 자리 잡고 있다. 화산 활동으로 만들어진 원추형 모양의 해저 지형으로 높이가 1,000m 이상, 기울기가 20~25° 정도의 가파르고 고립적으로 솟아 있는 바닷속의 산을 일컬어 해산이라고 부른다. 정상부가 뾰족한 것도 있지만 대부분 오랫동안 파랑에 의해 깎여서 평평하다.

독도 주변의 대표적인 해산으로는 심흥태 해산, 이사부 해산, 안용복 해산이 있다. 그리고 해산이 자리 잡고 있는 지역을 둘러싼 바닷속의 분지를 일컬어 해저분지라고 하는데, 울릉도와 독도 사이에 울릉분지가 자리 잡고 있다.

4) 울릉도와 독도의 지형적 관계

지각판 아래 약 3,000㎞ 지하에 주변보다 뜨거운 맨틀이 있는데 이 맨틀은 유동성이 있어 계속 흐른다. 맨틀이 지표면으로 솟아올라 지각과 만나 마그마가 분출하는 지점을 열점이라고 한다. 이러한 열점에서는 지속해서 마그마가 솟아올라 화산이 만들어진다. 하와이 열도나 갈라파고스 군도 등이 열점에 의해 만들어진 화산이다.

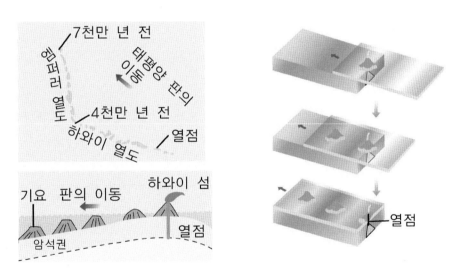

열점은 고정되어 있고, 지각판이 이동하면서 화산 분출로 인해 섬이 만들어진다

우리나라 동해에 열점이 있는데, 고정되었던 열점이 서서히 움직이는 지각판을 달구게 되면서 화산 활동이 일어난다. 열점에 의해 이사부 해산부터 시작해 심흥택 해산, 독도, 울릉도가 형성되었다. 제주도와 백두산도 이러한 작용으로 형성된 화산 지형이다. 울릉도와 독도를 비롯한 우리나라의 대부분 화산은 열점에 의해 형성된 화산이지만 일본 오키 섬은 독도의 생성과는 다른 작용으로 형성되었다.

5) 독도의 주요 지질과 지형

출처: 한국지질자원연구원

독도는 다양한 지질 구조로 되어 있어 암석학의 보고이자 지질 전시장이라고 불린다

두 개의 섬과 90여 개의 부속 바위들로 이루어진 독도 규모가 작다 보니 간단하게 만들어졌을 것 같지만, 지질구조는 무척이나 복잡하다. 복잡한 지질구조로 되어 있어 화산 지형과 지질의 박물관이라 부른다. 독도는 화산활동으로 분출된 알칼리성 화산암으로 구성되어 있는데, 해수면 아래와 위는 확연한 차이가 나타난다. 주류 구성 암석을 보면 해수면을 기준으로 크게 달라지는데, 수면 위는 안산암류이고, 해수면 밑은 현무암이다.

현무암은 흑갈색을 띠고, 중성화산암인 안산암은 현무암보다는 약간 색이 옅은 편이다. 현무암은 안산암보다 용융점이 높고 다른 광물의 비중이 높아 규산염 광물(SiO_2)의 비중이 적다. 철(Fe), 마그네슘(Mg) 등이 녹으면서 흑갈색을 띠고 염기성 사장석과 휘석, 감람석을 주성분으로 한다. 이 암석은 해령 부근에서 맨틀의 물질이 맨틀의 상승에 의해 압력을 받아 용융점에 도달해 형성된다.

	SiO₂ 함량	냉각 역사 / 조직(Cooling history /texture)		
		느린 냉각 / 조립질	빠른 냉각 / 세립질	매우 빠른 냉각 / 유리질
고철질 짙은색	↑	반려암(gabbro)	현무암(basalt)	분석(scoria)
조성 색 중간성분 중간색	52%	섬록암(diorite)	안산암(andesite)	
규장질 옅은색	66% ↓	화강암(granite)	유문암(rhyolite)	부석(bumice) 흑요암(obsidian)
		심성암	화산암	

화산암과 심성암. 땅속에서 만들어지는지 분출해서 만들어지는지에 따라 크게 두 가지로 구분한다

안산암은 다양한 경로에 의해 형성된다. 현무암질 마그마에서 분화되는 과정에 만들어지기도 하고, 판의 섭입 시 해양지각과 하부 대륙지각에서 탈수에 의해 융점이 강하하면서 용융되는 과정에 만들어지기도 한다. 또한 현무암질 마그마와 화강암질 마그마의 혼합에 의해서 만들어지는 경우도 있다.

독도의 암석들은 성분과 성인에 따라서 하부로부터 조면암 Ⅰ, 각력응회암, 층상응회암, 조면안산암, 라피리응회암, 조면암 Ⅱ, 조면암 Ⅲ 및 이를 관입하고 있는 암맥 등 총 8개의 암석 단위로 구성된다. 독도 형성 최후기인 250만 년 전에는 마그마의 관입에 의해 형성된 조면암 Ⅲ과 많은 암맥이 기존의 암석들을 관입한다. 그래서 동도와 서도는 서로 다른 지질구조를 보인다.

알칼리의 장석으로 이루어진 조면암(粗面巖)은 표면이 울퉁불퉁하고 까칠까칠한 암석이다. 응회암(凝灰巖)은 화산이 분출할 때 나온 화산재들이 굳어져 만들어진 암석이고, 안산암(安山巖)은 단단하고 견고한 암석이다. 규산이 많이 든 광석으로 흰색을 띠고 석영조면암이라고 부르는 유문암(流紋巖)은 지표면에서 급히 냉각되어 물결무늬가 있는 암석이다. 각력암(角礫−巖)은 모난 자갈이나 암석 조각이 수중에서 퇴적하여 모래나 진흙에

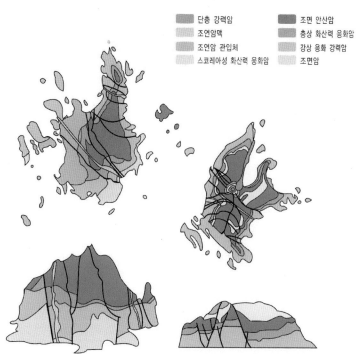

단층 강력암
조연암맥
조연암 관입체
스코레아성 화산력 응회암
조면 안산암
충상 화산력 응회암
강상 응회 강력암
조면암

독도는 해수면으로 드러난 지질 구조도 매우 다양해 지질 연구와
학습의 장으로서 훌륭하다

의하여 다시 응결되어 형성된 암석이다.

독도의 섬 정상부를 제외하고 대부분은 응회암과 화산각력암이 주를 이룬다. 두 암석은 화산재와 암편이 쌓여 굳어진 돌이기 때문에 굉장히 약하고 물러서 풍화에 약하다. 그래서 지반이 불안정하고 토양층이 거의 없고 침식에도 약하다. 섬 전체에 걸쳐 크고 작은 균열이 진행되고 있는 상황이다. 독도는 다양한 화산암이 분포한 '암석학의 보고'로 국가 지질공원으로 지정된 만큼 지속적인 지원과 보호가 필요하다고 할 수 있다.

나. 독도의 주요 바위와 지형

1) 동도의 주요 바위와 지형

동도를 대표하는 바위로는 숫돌을 갈았다는 전설이 있는 숫돌바위를 비롯하여 닭바위, 한반도바위, 독립문바위, 물오리바위, 얼굴바위, 촛발바위, 부채바위, 전차바위, 해녀바위가 있다. 그리고 침식 작용으로 수직으로 뚫린 굴인 천장굴과 대표 봉우리인 우산봉이 있다.

동도의 대부분 바위는 파랑의 침식 작용으로 형성된 시스택(sea stack)이 주를 이룬다. 파랑의 침식으로 형성된 동굴인 해식동과 절벽인 해식애도 나타나며, 섬 암벽에 풍화작용으로 벌집처럼 생긴 구멍 형태를 지닌 지형, 타포니(tafoni)를 관찰할 수 있다.

가) 숫돌바위, 부채바위, 해녀바위, 촛발바위, 전차바위

숫돌바위. 독도의용수비대가 칼을 갈기 위해 숫돌을 사용했다고 해서
붙여진 이름이다

부채바위. 먼 바다에서 보면 부채를 편 듯한 모습이다

동도 선착장과 동도 사이에 자리 잡은 숫돌바위는 홍순칠과 울릉도 청년들이 만든 독도의용수비대가 이곳에서 칼을 갈기 위해 숫돌로 사용했다고 해서 붙여진 이름이다.

이 바위는 섬이 생길 당시 화산 분출물이 수축 냉각하면서 수평으로 금이 간 조면암 바위 덩어리의 절리이다. 이 암석의 암질이 숫돌과 비슷한데 굳은 시멘트 덩어리를 성벽처럼 쌓은 모양이다. 몇백만 년에 걸친 파랑의 침식 작용으로 주변의 암석들이 떨어져 나간 시스택이다.

선착장 길을 따라 숫돌바위 반대편에 자리 잡은 부채바위는 마치 부채를 펼친 모양을 닮았다고 하여 붙여진 바위다. 북서－남동주향의 지질구조선을 따라 약한 부분은 오랜 파랑의 침식으로 제거되고 남은 시스택이다.

해녀바위는 부채바위 뒤편에 나지막하게 해수면을 따라 수평으로 붙은 바위로 과거 해녀들이 휴식을 취했던 장소라 해서 붙여진 이름이다. 해녀바위는 얼마 전까지 '동키바위'(일본어로 '기계장치', 영어로 '당나귀'란 뜻)라고 불렀다. 동키는 독도에 선박 접안시설이 만들어지기 전 화물을 내릴 때 쓰는 '동키'라는 기계 장치를 설치했던 이유로 불리던 이름이었다.

촛발바위. 갑 또는 곶을 뜻하는 울릉도의 방언인 촛발에서 붙여진 이름이다

해녀바위, 해녀들이 휴식을 취했던 장소라 해서 붙여진 이름이다

촛발바위는 돌출한 부분을 일컬어 불렀던 촛발에서 붙여진 이름이다. 울릉도 어민들은 오래 전부터 바다의 곶(串)과 같이 튀어나온 부분을 '촛발'이라고 불렀고 이를 따라 붙여진 것이다.

동도 위로 올라가면 돌진하는 전차(탱크)의 형상을 닮은 바위가 자리 잡고 있는데 이를 전차바위라고 한다. 탱크바위로 불렀으나 현재는 전차바위로 부른다.

나) 숫돌바위, 한반도바위, 독립문바위

얼굴바위. 투구나 두건을 쓴 듯한 전사의 모습이 엿보인다

파랑의 침식으로 형성된 절벽인 해식애는 그 형상에 따라 다양한 이름이 붙여진다. 동도의 대표 바위인 얼굴바위와 한반도바위가 바로 이러한 해식애 지형에 해당한다. 얼굴바위는 동도 동쪽 수직 절벽에 나타나는 사람의 얼굴 형상을 닮은 바위다. 여러 암석으로 이루어진 이 바위는 머리, 얼굴, 목 부분이 서로 다른 색으로 구분된다. 얼굴바위의 코 부분은 오랜 침식으로 인해 점점 작아지고 있는 상태다.

독도 등대에서 북서쪽 능선을 따라 이동하면 볼 수 있는 한반도바위는 그 모양이 한반도의 형상을 닮아 붙여진 이름이다. 수직 절벽인 얼굴바위와 달리 경사진 사면이지만 경사도가 매우 높은 해식애다.

동도 앞바다, 파랑의 침식이 만들어 놓은 아치형 문의 이름은 독립문이다. 이것은 울릉도 어민들이 독립문을 닮았다고 해서 붙인 이름이다.

가로로 판상의 바위들이 차곡차곡 쌓인 듯 포개져 있고, 그 사이에는 검은 돌들이 박혀 있다. 독립문바위를 지형적으로 보면 그 이름을 '해식 아치' 또는 '시아치(Sea Arch)'라고 부른다. 암석들의 파랑에 의한 차별적 침식 작용으로 형성된 지형이다. 현재 남아서 아치를 이루는 부분은 파랑에 강한 부분이고, 그 안 빈 공간은 약한 부분으로 침식되어 없어진 것이다.

출처: 동북아역사재단

한반도바위. 한반도 모양을 닮아 붙여진 바위다

동도 끝 해안가 절벽인 해식애부터 시아치인 독립문바위까지 절경을 이룬다

다) 몽돌해안, 파식대, 해식동

몽돌해안. 동도 선착장 뒤편 동도로 가는 길 앞으로 후미진 곳에 자갈들이 쌓여 만들어진 자갈 해안이 자리 잡고 있다

몽돌해안은 해안 선착장 숫돌바위와 동도 사이에 안쪽으로 움푹 들어간 해안으로 둥글둥글한 자갈로 이루어졌다. 이 해안은 도동의 안쪽 후미진 곳으로 파랑이 약해 상대적으로 퇴적이 활발한 곳이다. 모래나 진흙이 퇴적된 해변은 아니지만, 독도의 암석이 침식과 마식 작용에 의해 형성된 몽돌이 이곳에 퇴적되어 형성된 것이다.

몽돌해안 반대편에 자리 잡은 파식대(波蝕臺, wave-cut platform, wave-cut shelf)는 오랫동안 파랑의 침식으로 만들어진 평평한 대지다. 이 파식대는 깊지 않은 곳에 형성되어 있어 눈으로 직접 확인해볼 수 있다.

해식동(海蝕洞, sea cave, sea arch)은 파랑의 공격이 심한 곳에서 차별적인 침식 작용으로 형성된 동굴이다. 침식에 약한 연암 부분은 굴이 되고, 침식에 강한 경암 부분은 동굴의 외벽을 이룬다.

파식대. 파랑의 침식 작용으로 형성된 평평한 대지이다

해식동(해식동굴). 파랑의 침식에 의해 만들어진 동굴이다

라) 벌레를 파먹은 듯한 지형, 타포니

타포니. 벌레가 파먹은 듯한 지형으로 바닷물, 바람, 염분 등의 풍화 작용으로 구멍이 뚫린 것이다

동도 남쪽 절벽을 비롯하여 독도 전역에 걸쳐 숭숭 뚫린 구멍이 무수히 많다. 이렇게 벌레 먹은 듯한 바위들을 일컬어 타포니라고 한다. 이 용어는 코르시카 섬에서 '구멍투성이'라는 뜻으로 사용된 '타포네라(Tafonera)'에서 유래된 것으로 바닷물과 바람에 의한 염(鹽)의 풍화작용으로 형성된 풍화 지형이다. 우리나라 말로는 '풍화혈(weathering pit)' 또는 '염풍화(salt weathering)'라고 한다.

독도에 이러한 지형이 나타나는 이유는 자갈이 포함된 각력암 지형이 많이 분포하고 있기 때문이다. 동도 해안 절벽뿐만 아니라 서도의 탕건봉 등에서도 나타난다. 이러한 지형은 울릉도의 상징이라 할 수 있는 괭이갈매기를 비롯한 여러 조류의 훌륭한 서식지가 되고 있다.

숭숭 구멍이 뚫린 독도의 타포니는 괭이갈매기를 비롯한 각종 조류의 훌륭한 서식처이다

마) 하늘로 뚫린 수직 동굴, 천장굴

하늘로 뚫린 수직 동굴인 천장굴은 독도의 분화구로 잘못 알려진 적이 있었다. 하지만 천장굴은 독도 분화와 아무런 관련이 없는 동굴이다. 동도 등대와 우산봉 사이에 자리

잡고 있는 지름 25m에 달하는 천장굴은 오랜 침식으로 형성된 자연굴이다.

독도의 분화구는 일반적으로 우리 눈으로 볼 수 있는 독도에는 없다. 아직 정확한 위치를 찾지는 못했지만, 독도 근처 바다에 위치한 것으로 추정하고 있다.

천장굴. 독도의 분화구로 잘못 알려진 수직굴로 침식 작용으로 만들어진 동굴이다

2) 서도의 주요 바위와 지형

동도를 대표하는 바위로는 강치가 살았다는 큰가제바위를 비롯하여 작은가제바위, 지네바위, 김바위, 삼형제굴바위, 미역바위, 촛대바위, 보찰바위, 코끼리바위, 넙덕바위, 군함바위가 있다. 서도의 중심에 자리 잡은 대한봉을 비롯하여 봉우리 형상이 탕건을 닮은 탕건봉 등 두 개의 봉우리가 있다. 서도의 대부분 바위는 파랑의 침식 작용으로 형성된 시스택이 주를 이룬다. 파랑의 침식으로 형성된 동굴인 해식동과 절벽인 해식애도 나타나며, 섬 암벽에 풍화작용으로 벌집처럼 생긴 구멍 형태를 지닌 지형, 타포니를 관찰할 수 있다.

가) 탕건봉, 촛대바위, 삼형제굴바위

탕건봉은 바위의 생김새가 탕건(宕巾)과 비슷하다고 해서 붙여진 이름이다. 탕건은 조선 시대에 벼슬아치들이 망건의 덮개로 갓 아래에 받쳐 쓴 관을 말한다. 이 바위를 옆에서 보면 앞쪽은 낮고 뒤쪽은 각을 만들어 세워 놓은 것이 탕건과 매우 흡사하다. 과거에

서도 왼쪽부터 탕건봉, 촛대바위, 삼형제굴바위가 보인다

는 엄지바위, 탕건바위 등으로 불렸으나 지금은 어엿한 봉우리로 불리고 있다. 봉우리 위쪽은 주상절리가 나타나고, 아래쪽은 풍화작용으로 인해 벌집 모양으로 구멍이 난 타 포니 지형이 나타난다.

촛대바위는 탕건봉과 삼형제굴바위 사이 앞쪽에 자리 잡고 있다. 이 바위는 백색을 띠 고 있어 탕건봉, 삼형제굴과는 대비를 이룬다. 촛대바위는 동도 쪽에서 바라보면 장군이 투구를 쓴 모습과 비슷하여 '장군바위'로도 불렸다.

삼형제굴바위는 바위 하나에 세 개의 굴이 뚫려 머리를 서로 맞대고 기대어 서 있는 의좋은 삼 형제의 모습을 닮았다고 하여 붙여진 이름이다. 이 굴은 오랫동안 염분과 파 랑의 침식으로 만들어진 해식동이다.

미역바위는 촛대바위와 삼형제굴바위 사이에 자리 잡고 있는데, 이 바위는 독도를 지 키던 독도의용수비대원들이 여기서 미역을 많이 채취했다고 해서 붙여진 이름이다.

촛대바위. 그 모양이 촛대를 닮아 붙여진 이름으로 장군바위로도 불렸다

탕건봉. 봉우리의 형상이 조선 시대 사대부들이 갓 아래
받쳐 쓰던 탕건을 닮아 붙여진 이름이다

삼형제굴바위. 바위에는 세 개의 굴이 뚫려 있어 삼 형제가 서로 머리를 맞대고 기대어
서 있는 듯한 모습이다

나) 코끼리바위, 보찰바위, 넙덕바위, 군함바위

코끼리바위. 서도의 남쪽에 코끼리가 바닷물을 마시려고 코를 박고 있는 모습이다

코끼리바위는 코끼리가 코를 바다에 박고 물을 마시는 형상을 닮아 붙여진 이름으로, 이 바위는 6각형을 비롯한 다각형의 주상 절리가 발달하였다. 보찰바위는 독도에 서식하는 해산물인 보찰을 닮아 붙여진 이름으로, 보찰은 따개비와 유사한 거북손의 다른 이름이다. 넙덕바위는 그 넓이가 유난히 넓어 '넙적하다'고 해서 붙여진 이름이고, 군함바위는 말 그대로 군함을 닮았다고 해서 붙여진 이름이다.

보찰바위. 독도의 해산물인 보찰을 닮아 붙여진 이름이다. 보찰은 따개비와 유사한 해산물로 정식 명칭은 거북손이다

보찰 바위와 그 주변의 바위

다) 가제바위, 지네바위, 물골

가제바위. 강치가 살았었다는 바위로 어민들은 강치를 가제라고 불렀다

　독도 북쪽에 위치한 섬으로 큰가제바위와 작은가제바위가 있다. 이 바위는 가제가 자주 출몰해 붙여진 이름이다. 이곳 어민들은 강치를 말할 때 '가제'라고 불러 그 이름을 따라 붙여진 것이다.

　지네바위는 지네라는 어민이 미역을 채취했던 곳이라고 하여 붙여진 이름이다. 원래이름은 '이진해'지만, 주민들이 소리 나는 대로 '진해', '지내', '지네' 등으로 부르면서 붙여진 이름이다.

　서도 탕건봉 밑 해변에 물을 구할 수 있는 물골이 자리 잡고 있다. 물골은 하루에 400ℓ 정도의 물이 고이는 곳이다. 물은 섬이 유인도인가 무인도인가를 파악할 때 가장 중요한 요인으로 독도에 물이 있다는 것은 사람이 살 수 있다는 것을 의미한다. 독도의용수비대가 독도에 들어와 이곳에서 물을 구해 마시면서 독도를 지켰다고 하는 이야기가 있다. 물골은 빗물이 바위틈으로 스며들어 이곳으로 흘러 자연 우물이 된 것이다. 독도수호대에서는 2004년 서울시보건환경연구원에 수질 검사를 의뢰했었고 6가지에 해당하는 항목이 기준을 초과하여 이후 이를 보호하고 있다.

독도의 생물. 독도는 동해 한가운데 자리잡은 생물지리학의 구원점이다.

다. 독도의 생물

1) 독도, 섬 생물지리학의 구원점

동해 한가운데 자리 잡은 독도에는 수많은 생물이 서식하고 있다. 독도의 안주인 괭이 갈매기를 비롯하여 바다제비, 슴새 등 여러 조류가 거대 집단을 이루며 번식하고 있고, 많은 철새가 이곳의 풍부한 먹잇감에 머무를 정도로 해조류의 낙원이다. 우리나라에서 는 이런 독도의 자연 생태계를 보전하기 위해 1982년 문화재보호법상 '독도 해조류 번 식지'(천연기념물 제336호)로 지정하였다. 이후 1999년에는 '독도 천연보호구역'(천연기 념물 제336호)으로 그 명칭을 변경하였다. 또한 환경부에서는 '특정도서'(환경부 고시 제2000-109호)로 지정하여 독도의 희귀동식물을 보호하고 있다.

독도는 생물지리학(island biogeography)의 구원점이다. 고립된 섬인 독도는 그 자체로 서나 철새들의 이동 경로로서 생물학상 생물의 다양성 보전에 있어서 중요한 가치를 지닌다. 독도는 철새들의 이동 경로상 일종의 구원섬(rescue island)의 역할을 담당하고 있을 뿐만 아니라 다른 여러 섬과 비교할 때 단순화된 서식지 형태를 보이고 있으며, 주변 지역과 비교해 생물학적 특수성을 가진다.

2) 독도에 사는 생물

독도를 대표하는 생물 중 하나인 괭이갈매기

독도에는 야생 포유류를 볼 수는 없지만, 독도경비대에서 키우고 있는 삽살개는 있다. 야생 동물로는 괭이갈매기, 바다제비, 슴새, 황조롱이, 물수리, 노랑지빠귀, 흰갈매기, 흑비둘기, 까마귀 등의 조류가 있다. 곤충류로는 주로 여름철에 서식하는 잠자리, 메뚜기, 나비 등이 있다.

독도를 대표하는 생물인 괭이갈매기(학명 Larus crassirostris)는 도요목 갈매기과에 속하는 새로 붉은부리갈매기, 재갈매기, 큰재갈매기, 갈매기, 검은머리갈매기, 목테갈매기, 세가락갈매기 등 갈매기 중 하나다. 우리나라에서는 이 갈매기를 모두 볼 수 있지만, 괭이갈매기만이 유일한 텃새다. 몸길이는 약 42~47cm, 일부일처제며 알은 한 번에 4~5개 정도 낳는다.

독도는 독특한 화산 지형과 지질, 절벽으로 이루어진 경사가 많아 토양층이 발달하지 못했다. 경사가 급해서 적절한 강수량이 있음에도 불구하고 수분이 부족해 크기가 큰 식물들은 자라기 어렵다. 하지만 독도는 50~60종에 달하는 식물들이 자생하고 있다. 초본류로 민들레, 괭이밥, 섬장대, 해국, 범행초, 쑥, 쇠비름, 명아주, 질경이, 개머루, 닭의장풀, 까마중 등이 있다. 이 중에서 괭이밥, 개머루, 닭의장풀, 까마중 등과 같은 일부 식물들은 사람들의 왕래를 통해 육지의 것이 들어오게 된 것이다. 가장 널리 분포하는 식물은 땅채송화와 개밀 군락이다. 여러해살이풀인 땅채송화는 바닷가에서 햇빛이 잘 드는 바위틈이나 절벽지에서 자라고, 역시 여러해살이풀인 개밀은 토양이 어느 정도 쌓여 있는 건조한 땅에서 자란다. 목본류로는 바닷가에서 자라는 소나무라고 해서 이름 붙여진 '해송'이라는 별칭을 가지고 있는 곰솔을 비롯하여 섬괴불나무, 붉은가시딸기나무, 줄사철나무, 동백나무 등이 있다.

강아지풀

괭이밥

땅채송화

해국

3) 조경 수역과 바다 생물

　독도 바다는 구로시오 해류에서 분리된 동한(쓰시마) 난류와 북쪽 리만해류에서 분리된 북한 한류가 만나 조경수역(潮境水域)을 이룬다. 한류와 난류가 만나면 밀도가 높고 한류가 난류 아래쪽으로 이동하고 하층의 인산염·규산염·질소 화합물 등 영양염이 상층으로 운반되고 발산으로 인한 용존산소량이 많아서 클로로필(엽록소, chlorophyll), 식물성 플랑크톤이 증가하며, 이 때문에 난류성 어족과 한류성 어족이 모두 모여든다.

　독도의 대표적인 어류로는 오징어, 꽁치, 방어, 복어, 전어, 붕장어, 가자미, 도루묵, 임연수어, 조피볼락 등이 있다. 패류로는 소라, 전복, 홍합 등이 있고, 해조류(海藻類)로는 미역, 다시마, 김, 우뭇가사리, 톳 등이 있다.

4) 푸른 독도 가꾸기 사업

독도의 자생 수종을 선발하여 이식해 심는 푸른 숲 가꾸기 사업을 진행하고 있다

원래 독도는 나무가 많은 섬이었으나 미 공군의 폭격으로 대부분 사라졌다. 울릉도 청년들은 '섬에는 나무가 자라야 한다'는 국제법에 따라 1970년대부터 자발적으로 나무 심기를 시작하였고, 1980년대에는 '울릉・독도 가꾸기 회'를 결성하여 본격적인 '푸른 독도 가꾸기 사업'을 진행하였다. 독도 서면 태하리에서 키운 독도 자생 수종인 사철나무, 섬괴불나무, 보리밥나무, 곰솔 등을 옮겨와 심는 작업이다. 사실, 1973년부터 1996년까지 총 14회 동안 1만 2,000여 그루의 나무를 심었지만 대부분 독도 환경에 견디지 못하고 고사하고 말았다. 1996년 이후로는 문화재청이 외래종의 유입과 생태계 파괴 등으로 인해 독도 환경 및 생태계가 교란되고 있다는 이유로 불허하였다. 1996년 이후 중단된 사업을 다시 진행하면서 울릉도는 독도와의 생태지리학적 연관성과 정통성을 유지할 수 있게 되었다. 울릉도에서 배를 이용하여 사철나무 2,700본, 섬괴불나무 810본, 보리밥나무 450본 등 3,960본을 독도에 옮겨와 심었다.

'푸른 독도 가꾸기 사업'은 독도를 푸른 숲으로 가꾸어 독도의 생태계를 복원하는 것뿐만 아니라 더 나아가 국토를 보전하고 국제적인 영토권 확보에 큰 영향을 줄 것으로 기대된다.

독도에는 꼴뚜기와 연어 알이 없다. 꼴뚜기는 서해안의 대표적인 어종이고, 연어는 회귀성 어류로 바다에서 자라다가 자신의 고향의 하천을 따라 올라가서 알을 낳기 때문에 하천이 없는 독도에는 연어 알이 없다.

이제 입이 커서 먹성이 좋다는 대구(大口)와 산지인 명천의 '명'(明)자와 어획한 어주의 성인 '태'(太)자를 합친 명태(明太)는 독도의 대표적인 어종이 아니다. 한류성 어족인 대구는 지나친 남획으로 동해안과 남해안에서 거의 사라졌다. 대구로 유명한 남해안 지역에서 수정란과 치어를 방류하면서 동해안에서 회유하다가 3~4년 후 돌아와야 하지만 동해안의 자망에 걸려 죽는 경우가 많다.

대표적인 한류성 어종인 명태는 1970~80년대까지만 해도 울릉도와 독도 등의 동해안에서 연간 8만~16만t 정도를 잡았다. 그러나 2000년 이후 명태의 수요 증가에 따른 남획이 증가하고 지구 온난화로 인한 수온 상승으로 인해 최근에는 거의 자취를 감춘 상태에 있다.

라. 독도의 해양자원

1) 바다가 준 물, 해양심층수

해양심층수(海洋深層水)는 표층수와 달리 태양광이 도달하지 않는 대략 수심 200m 아래에 존재하는 층으로 수온이 항상 2℃ 이하를 유지하는 바닷물이다. 해수면 가까이에서 강수, 풍랑, 증발 등의 영향을 많이 받는 표층수(表層水)의 아래에 위치한 층이다.

해양심층수는 태평양과 대서양, 인도양 등 전 세계를 순환하는 바닷물이 북대서양 그린란드나 남극의 웨델 해의 차가운 바다에서 만나 만들어진다. 물론, 일반적인 심층수는 그린란드에서 시작하여 2000년이란 시간을 주기로 대서양, 인도양, 태평양을 순환하는 물 자원을 말한다. 결국, 한곳에 머무르는 것이 아니라 전 세계를 순환하는데 이렇게 순환하던 바닷물이 다시 그린란드의 빙하 지역에 도착하면 매우 차가워지면서 비중이 아주 커지게 된다. 이렇게 비중이 커진 물은 표층수 아래 수심 200m 이상의 지점에 이르게 된다.

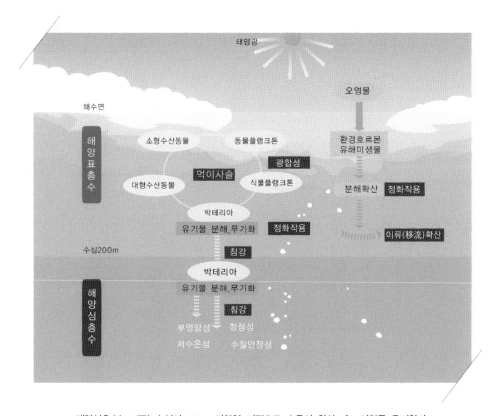

해양심층수는 대략 수심이 200m 이하인 지점으로 수온이 항상 2℃ 이하를 유지한다

　이 바닷물은 상대적인 온도와 염분 차이로 인한 밀도 차이 때문에 표층수와 뚜렷한 경계를 가지고 있다. 심층수는 항상 2℃ 이하의 차가운 수온과 깊은 수심 때문에 광합성 활동도 없고, 유기물의 번식도 없으며, 하천이나 바다에서 유입된 오염물질도 이곳까지는 내려오지 못한다. 그래서 이 물은 무척 깨끗하고 미네랄과 질소, 인, 규소와 같은 영양염류가 매우 풍부하다.

　동해는 한반도와 러시아, 일본 열도 등으로 둘러싸여 있고, 그 사이에 해류를 유입되는 해협의 폭이 굉장히 좁아 주변 바다와 심층수가 교환되는 양이 매우 적다. 그래서 동해의 경우 심층수가 자체적으로 형성되기도 하고, 순환되기도 하며, 변형되기도 한다. 그래서 일부 학자들은 동해의 심층수를 '동해 고유수'라고 부른다. 그 부존량도 매우 많고, 내부 순환 주기는 300~700년 정도다.

　우리나라는 2001년 강원도 고성군 앞바다에서 개발을 진행하였고, 2005년에 해양심층수 연구센터를 세웠다. 그리고 2004년에 강릉 정동진·동해 추암·속초 외옹치·울릉저동 등 네 개 지역을 해양심층수 취수해역으로 지정했다. 2008년에는 고성과 양양이 추가되었고, 울릉도의 태하와 현포를 추가로 또 지정했다. 울릉도의 경우 독도와의 연관성 때문에 적극적으로 지원을 받아 2013년 울릉도·독도 해양연구기지를 세우게 된다. 물론, 해양심층수 개발뿐만 아니라 해양자원조사와 연구 지원, 독도 바다사자 등 해양생물과 해저 미생물 등의 서식 환경 연구도 함께 진행한다. 해양심층수는 대부분 음료로 만들어지고 있지만, 그 활용 범위는 무궁무진하다. 현재도 음료 외에 주류, 식재료, 미네랄 소금, 세안제 및 화장품 등의 제품들이 만들어지고 있다.

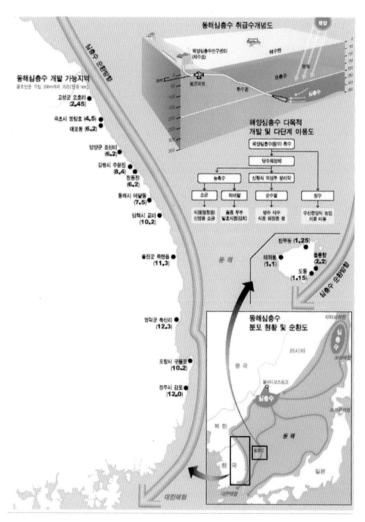

동해의 해양심층수는 내부적으로 생성, 순환, 변형되기 때문에
'동해 고유수'라고도 부른다

2) 불타는 얼음, 가스 하이드레이트

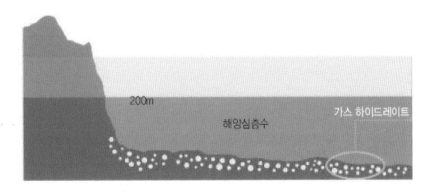

독도 바다에는 '불타는 얼음'이라고 불리는 가스 하이드레이트가 매장되어 있다

'불타는 얼음(fire ice)'이라고 불리는 천연가스 하이드레이트(Clathrate hydrates 혹은 Gas Clathrates, Gas hydrates)는 석유를 대체할 자원으로 전 세계에서 주목을 받고 있다. 메탄가스 하이드레이트로도 부르는데 이를 줄여 가스 하이드레이트, 또는 메탄 하이드레이트라고 쉽게 말한다.

주체 분자들인 물 분자들이 수소 결합을 통해 형성되는 3차원의 격자 구조에 객체 분자들인 저분자량의 가스 분자들(CH_4, CO_2, H_2S 등)이 화학 결합 없이 물리적으로 포함된 결정성의 화합물이다. 가스 하이드레이트는 생물기원과 열기원의 가스 하이드레이트로 구분한다. 생물기원은 주로 바다의 가장 깊은 곳인 심해저의 바닥인 퇴적층에서 박테리아에 의해 유기물이 분해될 때 생성되는 가스와 물이 반응해 메탄가스 하이드레이트로 만들어진다. 반면 열기원은 압력과 온도가 높은 심부에서 세립질 암석에 포함된 유기물이나 석탄과 석유가 오랫동안 열작용을 받아 에탄, 프로판, 부탄 등의 탄화수소 화합물들이 물과 반응해 가스 하이드레이트로 선환된다.

가스 하이드레이트가 매장되어 있는 지역은 크게 연중 0℃ 이하의 땅인 영구 동토층과 바닷속 깊은 곳인 심해저이다. 가스 하이드레이트를 안정적으로 보존하는 범위는 영구 동토층 200~1,000m 범위, 심해저 1,200~1,500m 지점이다.

독도 바다에는 약 6~10억 톤에 달하는 가스 하이드레이트가 매장되어 있다. 이것은 한국이 앞으로 30~50년간 사용할 수 있을 정도의 양으로, 이것을 경제적 가치로 환산하면 약 250조 원에 달한다. 우리나라에서도 2000년부터 정부의 지원으로 메탄 하이드레이트가 함유된 사암층의 표본을 채취하였고, 2020년쯤에는 생산 가능할 것으로 예상하고 있다.

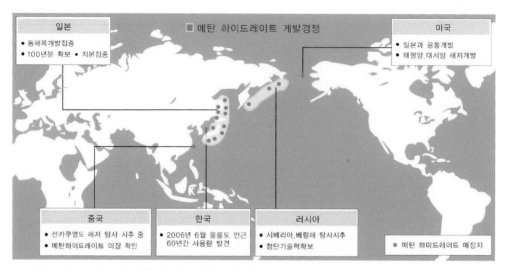

가스 하이드레이트 개발 경쟁 중인 국가들. 일본은 많은 양의 메탄 하이드레이트가 발견되고 있음에도 불구하고 독도 근해까지 확보하려 하고 있다

전 세계 가스 하이드레이트의 매장량은 전 세계의 석탄·석유·천연가스 등을 모두 합친 탄소 에너지의 2배 이상으로 추정하고 있다. 차세대 청정에너지 자원으로 주목을 받으면서 일본, 미국, 중국, 인도 등은 이미 특별법까지 제정해 탐사와 시추 기술 개발을 진행하고 있다. 일본이 독도 영유권을 주장하는 것도 독도 자체보다는 독도 주변 해양 자원을 확보하는 데 더 큰 이유가 있다.

특히 해양 영토 대국으로 불리는 일본은 가스 하이드레이트 개발과 채굴 기술에서 가장 앞서 나가고 있다. 일본의 동쪽, 태평양 지역에 이미 많은 양의 가스 하이드레이트가 매장되어 있는 것으로 밝혀졌기 때문이다. 2013년 일본은 세계에서 가장 먼저 해저에 매장된 가스 하이드레이트에서 천연가스를 추출하는 데 성공하였다. 현재, 난카이 해역에서는 시추 시설을 이용하여 천연가스를 시험 생산하고 있다.

청정 자원으로 알려진 가스 하이드레이트가 상용화되기 위해서는 극복해야 할 문제들이 많다. 이 자원을 청정자원으로 뽑아내기 위해서는 어려운 과정이 필요하기 때문이다. 메탄을 분리하고 방출하는 과정을 확실히 제어하지 못할 경우에는 화석 연료의 10배 이상 심각한 온실 효과가 발생할 수 있기 때문이다. 이와 같은 현상이 발생하는 것은 메탄의 승온 효과가 이산화탄소보다 약 20배 이상 크기 때문이다. 그래서 만약 메탄이 대기 중으로 방출되면 대기 온도가 크게 높아질 수밖에 없어 이를 극복할 다양한 방법이 연구 중이다.

4. 세계 속의 독도

가. 독도 문제의 본질

2014년 1월 28일, 일본 정부는 독도가 일본 고유의 영토이며, 대한민국이 독도를 불법 점유하고 있음을 주장하는 새로운 교과서 제작 지침을 공식 발표하였다. 또한 시마네현이 주최하는 '다케시마의 날(2월 22일)' 행사에 2년 연속으로 차관급인 내각 정무관을 파견하기로 하였다. 이처럼 최근 일본은 국가 간의 외교적 도의를 벗어남을 넘어 제국주의 야욕을 드러내며 독도에 대해 집착하고 있다. 그럼 왜 이처럼 일본은 우리나라를 포함한 주변국과 세계 여론의 비난에도 불구하고 독도에 대해 과도하게 집착하고 있는 것일까? 최근 아베 내각 출범 이후 일본에 불어오는 우경화 바람과 같은 정치적 이유도 있겠지만 이러한 정치적 관점에서 보기 이전에 독도라는 작은 섬이 가지고 있는 가치에 대해 알아볼 필요가 있다. 독도가 어떤 가치를 가지고 있는지를 이해하면 독도 문제의 근본적 원인과 해결 방법을 찾아가는 데 도움이 될 수 있을 것으로 생각한다.

1) 경제적 가치 Ⅰ(수산자원)

바다가 지구에서 차지하는 비중은 약 2/3 정도이다. 하지만 지금까지 인류는 삶의 터전, 식량, 에너지 등 인류가 필요한 것 대부분을 나머지 1/3인 육지에서 해결해왔다. 그러나 산업혁명 이후 인구는 기하급수적으로 증가하게 되고 그로 인해 에너지소비량도 빠른 속도로 증가하면서 육지가 가지고 있는 능력을 초과하게 된다. 그리고 21세기 인류는 자원, 에너지, 식량 부족 등의 문제에 봉착해 있다. 그래서 이러한 상황을 해결할 수 있는 대안으로 떠오르고 있는 곳이 바로 바다이다. 특히 우리나라는 국토면적이 좁을 뿐 아니라 육상자원 빈국에 속한다. 하지만 우리나라는 삼면이 바다라는 특혜를 가지고 있고 이런 특혜를 잘 개발·보존해야 할 필요성이 갈수록 증대되고 있다. 그러기에 동해 한가운데 있는 독도는 무궁무진한 가능성을 가지고 있는 우리나라 미래 자원의 보고라고 할 수 있다.

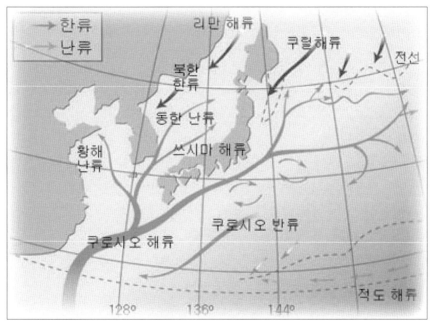

우리나라 주변의 해류

독도 주변 해역은 서태평양 연안에서 북상하는 쿠로시오 해류로부터 갈라져 나온 동한 난류와 오호츠크 해 주변에서 남하하는 리만 해류에서 갈라져 나온 북한 한류가 교차하는 조경수역으로 용존산소량이 풍부하고, 독도의 '섬 효과'로 바다의 용승 작용이 활발하여 어류의 먹이가 되는 영양염류와 플랑크톤이 풍부하다. 그래서 독도 주변 해역에는 난류성 어족인 오징어, 꽁치 등과 한류성 어족인 대구, 명태, 연어, 송어가 풍부하였다. 하지만, 최근 지구온난화 현상으로 인해 한류성 어족은 많이 사라지게 되었다. 독도의 어획량은 우리나라 수산물 시장의 수급을 좌우할 정도로 동해 상의 어업 전진기지로서 중요한 역할을 하고 있다.

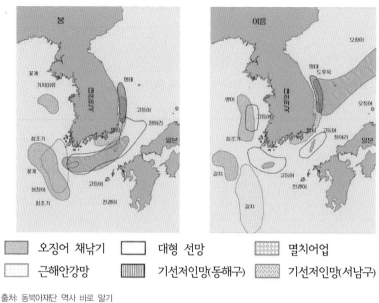

▨	오징어 채낚기	☐	대형 선망	▩	멸치어업
☐	근해안강망	▥	기선저인망(동해구)	∿	기선저인망(서남구)

출처: 동북아재단 역사 바로 알기

동해 주변의 어장도

또한 독도는 동도와 서도를 비롯한 89개의 바위섬으로 구성되어 있어 다양한 해양생물이 서식하기에 최고의 조건을 가지고 있다. 한국해양연구원이 조사한 결과를 보면 독도 주변 지역에는 104종의 어류와 137종의 무척추생물, 해조류가 서식한다고 한다. 또한 독도는 바다제비, 슴새, 괭이갈매기 등 약 139종의 조류와 식물 50여 종이 관찰되는 등 수산자원으로서의 가치뿐만 아니라 생태학적 가치도 매우 크다. 그래서 현재 우리 정부는 독도를 천연기념물 제336호(독도 천연보호구역)로 지정·보호하고 있다. 독도는 문화재보호법 제33조에 근거하여 일반인의 자유로운 입도를 제한해 왔으나, 2005년 3월 24일 정부방침이 변경됨에 따라 동도에 한해서 일반인의 출입이 가능해졌다. 단, 독도의 자연생태 보호를 위해 1일 입도 가능 인원을 1,880명으로 제한하고 있다.

2) 경제적 가치 Ⅱ(해저자원)

현재 인류가 봉착한 다양한 지구적 문제 중 가장 시급한 문제가 바로 에너지 자원 문제이다. 산업혁명 이후 인류의 주요 에너지자원이었던 석유(가채연수 60년)와 석탄(가채연수 200년)을 포함한 화석연료가 거의 고갈 단계에 이르렀다. 그래서 세계 각국에서는 석유와 석탄을 대체할 대체에너지 자원 개발에 혈안이 되어 있다.

　최근 독도 주변 해저에서는 '불타는 얼음(burning ice)'이라고 불리며 차세대 대체에너지로 주목받고 있는 가스 하이드레이트(Gas Hydrates: 메탄이 주성분인 천연가스가 얼음처럼 고체화된 상태)가 최소 6억 톤에서 20억 톤 정도 매장되어 있는 것으로 추정되고 있다. 최소한 6억 톤이라고 하더라도 국내 가스 소비량 30년분에 해당하는 양으로 약 252조 원 정도의 가치를 지닌 양이다. 가스 하이드레이트는 화석 연료보다 이산화탄소 발생량이 적어 환경오염을 감소시키는 효과가 있다. 또한 가스 하이드레이트는 '지시자원'이라는 특성이 있다. 즉 가스 하이드레이트가 발견된 주변에는 석유와 천연가스가 매장되어 있을 확률도 매우 높다고 한다. 현재 가스 하이드레이트는 전 세계적으로 약 10조 톤 정도 매장되어 있을 것으로 추정되고 있다. 미국, 일본, 캐나다는 1990년대 중반부터 해저 탐사를 통해 개발에 박차를 가하고 있고, 특히 일본이 이 분야에서 가장 앞선다고 한다. 이처럼 독도 주변의 배타적 경제수역 확보는 우리나라 미래 에너지 수급과 밀접한 관계가 있다.

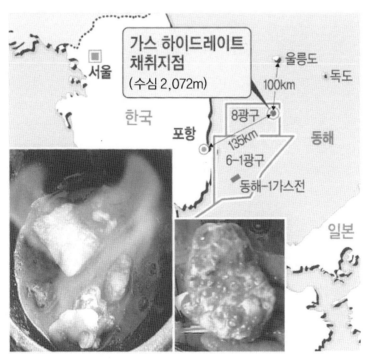

출처: 서울신문(2007.06.25) '불타는 얼음' 동해서 발견 …… 6억 톤 매장 가능성

가스 하이드레이트

또한 독도에는 가스 하이드레이트 이외에도 인산염이 약 20억 톤 정도 부존되어 있는 것으로 추정되고 있다. 현재 우리나라 국내 수요량 기준으로 50년 이상 사용할 수 있는 양이다. 인산염 광물은 인산비료, 도금표면 처리제, 가축사료 등에 사용되며 현재 우리나라는 연간 152만 톤(8,500만 달러) 정도를 소비하는 데 전량 수입에 의존하고 있는 실정이다.

해양심층수란 햇빛이 도달하지 않는 수심 200m 이상의 깊은 곳에서 순환하는 바닷물로 2℃ 이하로 유지되며 깊은 수심으로 유기물이나 오염물질의 유입이 없어 청정성이 뛰어나며 영양염류와 미네랄이 풍부하다. 수산양식, 농작물 생장 제어, 음료, 식품, 미용, 건강, 의학 등 다양한 분야에서 활용되며 그 중요성이 커지고 있는 재생 순환되는 청정 자원이다. 현재 우리나라는 2005년에 강원도 고성에 해양심층수연구센터를 설립하여 활용 방안을 위한 다양한 연구를 진행 중이다.

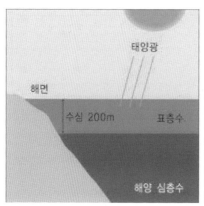

울릉도에서 생산하고 있는 해양 심층수

3) 학술적 가치

우리나라 가장 동쪽 끝에 위치한 섬인 독도를 우리는 흔히 '외롭고 작은 바위섬', '국토의 막내'라고 부른다. 우리에게 보이는 독도의 두 개의 큰 섬인 동도와 서도는 해발고도가 약 99m, 169m로 높아 보이지 않는다. 하지만 독도는 해저 약 2,000m에서부터 마그마 분출로 만들어진 거대한 '화산성 해산'으로 우리가 볼 수 있는 독도는 이 거대한 해산의 꼭대기일 뿐이다. 독도는 약 450만 년에서 250만 년 전 사이인 신생대 3기에 형성된 화산으로 울릉도(약 250~1만 년 전), 제주도(약 120~1만 년 전)보다 생성시기가 빠르다. 즉 생성시기로 따지자면 이 세 섬 중 독도가 가장 형이고 제주도가 막내인 셈이다.

출처: 한국해양과학기술진흥원

독도의 해저 지형

지질학자들은 독도를 '지질학 교과서'라고 부른다. 독도의 형성과정을 살펴보면 해저에서 분출된 용암이 차가운 바닷물과 접촉하면서 급격하게 냉각, 파쇄되어 형성된 베개용암과 파쇄각력암이 쌓여 성장하다가(수중 성장 단계) 해수면 근처에 도달하여 다시 폭발적인 분출을 하면서 해수면 위로 올라오게 되는데 이것이 바로 현재의 독도이다(전이 단계). 그리고 다시 한 번 용암이 분출하는 과정에서 대기와 접촉하여 조면암, 안산암, 관입암 등이 형성된다(대기하 단계). 이렇게 독도처럼 해산의 성장 과정을 모두 볼 수 있는 지질학적 사례 지역이 전 세계적으로 매우 드물다고 한다.

또한 독도는 울릉도와 같은 지질구조로 되어있다. 그에 반해 일본의 오키 섬은 편마암으로 구성되어 있어 지질학적 측면에서도 독도는 우리 땅인 것을 알 수 있다. 독도에는 주상절리, 탄낭구조와 같은 화산지형뿐 아니라 오랜 기간 풍화와 해식으로 형성된 풍화 지형(타포니)과 해안 지형(파식대, 시스택, 해식동, 해식아치 등)을 모두 보여주는 특이한 구조로 높은 가치를 지니고 있다. 이에 우리 정부는 독도를 '세계지질 공원'으로 지정될 수 있도록 추진 중이다.

코끼리바위(해식아치)

탕건봉(주상절리, 타포니)

삼형제바위(시스택)

최근 독도는 미생물의 보고로도 알려졌다. 현재 독도에는 총 4속 34종의 박테리아가 발견되었고 '독도' 명이 들어간 공인된 미생물도 여러 개가 있다. 독도에서 발견된 미생물은 신약후보물질, 미생물 농약, 유용 효소 등으로 쓰일 가능성이 크며, 특히 '동해 독도'는 설사를 일으키는 병원성 대장균의 기능을 억제하는 의약품으로 활용될 전망이다. 현재 독도에서 발견된 미생물을 상업적으로 활용하기 위한 연구가 활발하게 진행 중이다.

4) 정치·군사·전략적 가치

독도는 북위 37도 14분, 동경 131도 52분으로 우리나라의 가장 동쪽에 위치한 작은 섬이다. 하지만 다른 관점에서 보면 독도는 동해의 중심에 위치한 섬이기도 하다. 역사적으로 보면 동해는 대륙 세력과 해양 세력이 주도권을 잡기 위해 항상 대립하던 곳으로 긴장이 끊이지 않던 곳이다. 특히 1905년 러·일전쟁 당시 일본은 러시아 함대를 감시하기 위한 망루와 통신시설을 독도에 설치하면서 러·일전쟁에 승리하게 된다. 이 때문에 일본은 독도의 군사적·전략적 가치를 인식하게 된다. 현재 독도에는 방공레이더 기지가 구축되어 있어 중국, 일본, 러시아, 북한군의 이동 상황을 파악하고 동북아 지역과 국가안보에 필요한 중요한 정보를 제공하는 군사적·전략적 요충지이다.

또한 최근 러시아와 중국의 초고속 성장과 더디지만 북한의 경제 개방으로 동해 주변 더 나아가 환태평양 지역 국가 간의 교류와 협력이 점점 활발해지고 있는 상황에서 독도가 있는 동해는 남쪽으로는 남중국해와 대한해협, 북쪽으로는 연해주와 북해도를 잇는 해상교통의 요충지라고 할 수 있다.

그 외 독도는 긴급대피 및 정박기지, 긴급해난 구조기지, 항공기·군함·잠수함 운항의 유도기지 등으로도 활용이 가능한 지역이다.

독도의 군사·전략적 위치

나. 독도와 국제법

일본은 독도를 국제사회에서 분쟁지역으로 공론화하기 위해 계속해서 독도에 대한 영유권을 주장하고 있다. 하지만 우리 정부는 '독도는 대한민국의 고유 영토로 영유권 분쟁의 대상이 아니다'는 입장으로 일본의 독도에 대한 영유권 주장을 인정하고 있지 않다. 그러나 현재 일본의 끊임없는 독도에 대한 영유권 주장으로 국제사회에서는 어느 정도 국제분쟁지역으로 인식하고 있는 상황이다. 문제는 국제사회의 여론이 일본의 의도대로 독도 문제를 분쟁지역으로 인식하게 된다면 일본은 우리나라보다 국제사회에서 막대한 자본력과 정치력을 발휘하고 있기 때문에 결코 낙관적인 전망만 할 수는 없다. 또한 최악의 경우 분쟁지역이 된다면 그 판단은 독도에 대한 역사와 지리 등에 대해 잘 알지 못하는 제3국 재판관이 하기에 우리 정부는 국제사회에서의 적극적 대처와 노력이 필요한 시점이다. 세계 각국의 영유권 분쟁 사례를 보면 가장 중요한 부분 중 하나가 바로 어떤 나라가 먼저 자신의 영토로 인식하였느냐는 점이다. 그리고 실효적 지배를 하고 있는 나라가 어디냐는 것도 중요한 부분이다. 즉 대한민국이 일본보다 독도에 대해 우리의 영토임을 먼저 인식하였다는 것과 일본의 독도에 대한 영토 침략 과정을 국제사회에 알릴 필요가 있다.

1) 일본의 독도 침탈

가) 독도 문제의 시작

한일 간의 독도 관련 문제는 언제부터 시작되었을까? 독도를 이야기할 때 항상 등장하는 안용복 사건(1693년)이 한일 간 독도 문제의 시작이라고 할 수 있다. 동래 출신의 어부였던 안용복은 1693년과 1696년 두 차례에 걸쳐 에도막부에 울릉도와 자산도(독도)가 조선의 땅임을 주장하였고, 이 사건을 계기로 조선과 에도막부 사이에 울릉도와 독도의 영토 문제가 시작되었다. 결국, 2년여간의 조사와 논쟁 끝에 1696년 1월 에도막부는 울릉도와 독도가 조선의 땅임을 인정하고 일본 어민들에게 울릉도로 건너

출처: 동북아역사재단 독도연구소

에도막부의 '다케시마 도해금지령'(1696년)

출처: 동북아역사재단 독도연구소

시마네 현 고시 제40호

가지 말라는 '죽도(다케시마) 도해금지령'을 내림으로써 당시 한일 간 독도 영토 문제는 끝을 맺는다.

나) 일본의 독도 강제 편입

1904년 2월 8일 일본 함대가 러시아 함대를 기습 공격함으로써 러·일전쟁이 발발하게 되고, 일본은 러시아 함대를 감시하기 위해 제주도, 거문도, 울릉도, 독도 등에 망루를 설치한다. 일본은 러·일전쟁 중 울릉도와 독도의 군사적 가치를 인식하게 되고 독도를 자국 영토로 편입시키기 위해 부단한 노력을 한다. 그리고 일본은 1905년 1월 28일 '무인도 소속에 관한 건'으로 각의에서 편입을 결정, 그해 2월 22일 시마네 현 고시 제40호를 공포하고 대한제국에 어떠한 통고도 없이 일방적으로 독도를 일본 영토로 강제 편입하게 된다.

관보에 싣거나 대한제국에 통고하지 않았기에 일본의 독도 강제 편입 사실을 1년이 지나도록 모르고 있던 대한제국은 1906년 3월 울도 군수 심흥택이 울릉도를 방문한 시마네 현 관리들에게 일본의 독도 강제 편입 사실을 듣게 되고, 그 사실을 중앙정부에 즉각 보고함으로써 일본의 독도 강제 편입 사실을 알게 된다. 하지만 대한제국은 이미 '을사조약'(1905년)으로 일본으로부터 외교권이 박탈된 상태였기에 어떠한 항의를 할 수도

출처: 동북아역사재단 독도연구소

대한매일신보(1906년 5월 1일 자)

출처: 동북아역사재단 독도연구소

황성신문(1906년 5월 9일 자)

없었다. 그러나 대한매일신보와 황성신문은 이 사실에 대한 항의의 글을 싣게 된다.

다) 외교적 문제로 대두

그럼 근·현대사에서 한일 간에 독도와 관련된 문제가 본격적으로 시작된 것은 언제부터일까? 1952년 1월 18일 이승만 대통령은 같은 해 4월 28일에 발효되는 샌프란시스코 강화 조약을 앞두고 한일 간의 어업 경계선 역할을 해오던 '맥아더 라인'의 폐지에 대응하는 조치로 '인접 해양에 대한 주권에 관한 선언(통칭 평화선)'을 선포하게 된다. 평화선은 한일 간의 어업 분쟁을 방지, 독도 근해의 어족 자원의 보호, 영해와 대륙붕에 대한 주권행사뿐만 아니라 대내외적으로 독도에 대한 영유권을 재확인하기 위한 조치였다. 이에 일본은 평화선이 공해 자유 원칙에 위반된다고 항의함과 동시에 한국의 독도 영유권을 인정할 수 없다는 내용의 외교문서를 1952년 1월 28일 한국 정부에 보내오면서 독도 문제가 본격적으로 한일 정부 간 외교적 문제로 대두된다. 이에 한국 정부는 일본의 항의를 반박하며, 독도가 역사적으로 오래된 대한민국 고유의 영토이며 샌프란시스코 강화 조약과 관련된 문서인 1946년 1월 29일 연합국 최고사령부의 지령(SCAPIN) 677호와 훈령 제1033호를 근거로 독도가 한국 영토임을 거듭 강조한다.

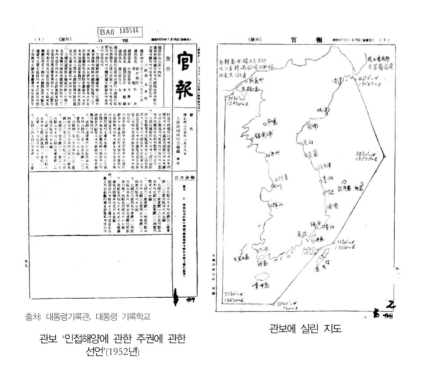

출처: 대통령기록관, 대통령 기록학교
관보 '인접해양에 관한 주권에 관한
선언'(1952년)

관보에 실린 지도

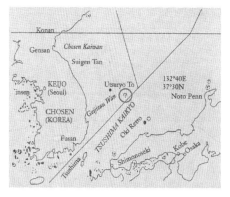

연합국 최고사령부가 SCAPIN 제677호의
부속지도로 작성해서 한국과 일본의 영토를 구획한
지도(1946년)

```
BASIC: Memo to IJG (SCAPIN - 1033  )

        (b) Japanese vessels or personnel thereof will not approach
closer than twelve (12) miles to Takeshima (37°15' North Latitude,
131°53' East Longitude) nor have any contact with said island.

    4.  The present authorization does not establish a precedent for
any further extension of authorized fishing areas.

    5.  The present authorization is not an expression of allied
policy relative to ultimate determination of national jurisdiction,
international boundaries or fishing rights in the area concerned or
in any other area.

        FOR THE SUPREME COMMANDER:

                        John B. Cooley
                        JOHN B. COOLEY,
                        Colonel, AGD,
                        Adjutant General.
```

출처: http://blog.naver.com/cerou14

연합국 최고사령부 훈령 제1033호

(b) 일본인의 선박과 승무원은 금후 북위 37도
15분, 동경 131도 53분에 있는 리앙쿠르트(독
도, 죽도─인용자)의 12해리 이내에 접근하지
못하며 또한 동도에 어떠한 접근도 하지 못함

일본 정부는 1953년 6월과 7월 네 차례에 걸쳐 일본 순시선으로 독도 침입을 강행한다. 이에 한국 정부도 경찰대를 파견하여 독도에 매우 근접한 일본 선박들에 대해 영해에 불법으로 침입했다고 경고하였고, 불응하는 일본 선박들에 대해서는 경고 사격 및 나포하여 재판에 부치는 등 매우 완강한 입장을 취한다. 또한 민간 측에서도 '독도의용수비대'를 조직하여 직접 독도로 건너가 자발적으로 독도를 지키는 일에 앞장서는 등 독도 수호에 있어 적극적인 태도를 보인다. 그 후 독도 문제는 한국과 일본 두 정부 사이의 외교문서를 통해 치열하게 전개되다 잠시 소강상태에 머물게 된다.

그러나 1982년 12월 '유엔해양법협약'이 채택되고, 1994년 11월 발효되면서 독도 문제는 다시 수면 위로 올라오게 된다. '유엔해양법협약'의 내용을 보면, "배타적 경제수역(Exclusive Economic Zone, EEZ)을 영해와 같이 설정할 수 있다"고 규정되어 있다. '유엔해양법협약'에 따라 배타적 경제 수역을 선포하기 위해 기점(base point, base line)을 자기 영토에서 잡아야 하는데 독도가 누구의 영토로 인정되는지에 따라 동해 한가운데 200해리의 배타적 경제수역의 범위가 달라지기 때문이었다. 이 때문에 독도의 가치는 더욱 높아지게 되었고 독도는 동해 가운데 있는 면적 18만 7,453㎡의 작은 바위섬이 아니라 그 주변의 바다에 대한 영유권 확보의 기점으로서의 중요성을 지니게 되었다. 이러한 이유로 여의도보다 작은 바위섬 독도에 대한 일본 측의 야욕이 더욱 증대되었다고 볼 수 있다.

100   중등학교 독도교육의 이해와 실제

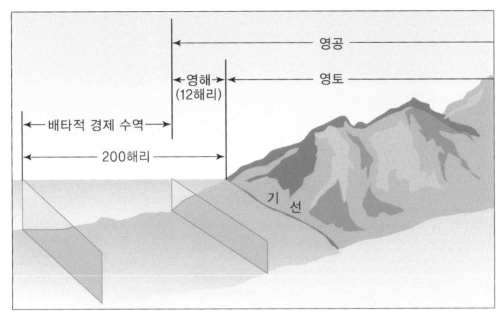

영토, 영해, 영공의 개념도

2) 일본의 독도 영유권에 대한 주장

일본의 독도 영유권 주장 근거는 시대에 따라 상황에 따라 바뀌어 왔다. 1905년 1월 28일 일본 내각은 영토 취득방법 중 '무주지(無主地) 선점론'을 근거로 "독도가 타국이 점유했다고 인정할 형적이 없는 무주지로서, 일본인에 의해 국제법상 점령한 사실이 있는 것이라고 인정된다" 하여 러·일전쟁 중 독도 강제 편입을 승인하였고 시마네 현은 같은 해 2월 22일 현 고시 제40호로 이 사실을 공포하였다. 그리고 1953년 7월 13일 자로 보낸 외교문서에도 국제법상 영토 취득의 필요한 요건으로 '영토 취득의사'와 '실효적 지배의 행사'를 열거하며 '무주지 선점론'을 계속해서 주장해 왔다.

그러나 1954년 2월 10일 자 외교문서부터는 기존의 주장(무주지 선점론)과 상반되는 '고유 영토설'을 함께 주장하기 시작한다. 일본 정부는 이 외교 문서에서 "현대 국제법상 영토 취득의 필요요건이라 할 수 있는, ① 영토 취득에 대한 국가의 의사, ② 영토 취득 의사의 공적(公的) 공표(公表), ③ 영유를 완성하기 위한 적절한 영토지배권 수립"을 제시하며, 일본은 독도 영유권의 취득과 관련하여 국제법상의 영토취득의 한 방법인 선점의 모든 요건을 충족시켰다고 주장한다. 이와 아울러, "옛날부터 독도는 일본인들에게 알려져 있었으며 일본 영토의 일부를 이루고 있다"고 하며 '고유 영토설'도 함께 주장하였다.

그러다 1962년 7월 13일 자로 보낸 외교문서부터 일본 정부는 '무주지 선점론'을 거론하지 않고, 다만 "독도가 옛날부터 일본의 고유 영토였다"라며 당초의 주장과는 다르게 '고유 영토설'만을 주장하게 된다.

가) 일본의 '무주지(無主地) 선점이론'에 대한 부당성

일본은 무주지(無主地)인 독도를 일본 정부가 선점하여 일본의 영토로 편입시켰다고 주장한다. 1954년 2월 10일 자 일본 측 외교 문서를 보면 독도를 선점에 의하여 그 영유권을 취득한 것이라고 주장하였고 선점 요건의 하나로 "영토 취득을 위한 국가의 의사"가 표시되었다고 다음과 같이 주장했다.

현대 국제법상 영토 취득을 위한 요건에 관하여, 영토를 취득하려는 국가의 의사는 일본 영토에 다케시마를 추가하기 위한 1905년 1월 28일 내각회의에서의 결정의 결과로서 확인되었고, 또 1905년 2월 22일 영토를 취득하기 위한 국가의 의사의 공적 발표는 시마네 현청에 의해 발표된 고시로 이루어졌다는 것을 언급한다. 이는 당시 일본의 영토 선점을 발표하는 일본에 의해 취해진 관행에 따른 것이므로 국가의사의 공적 발표로서 상기 조치는 이 점에 관한 국제법상의 요건을 충족한 것이라는 주장이다.

나) 국제법적 무주지 선점(先占)이론

국제법상 '선점'이란 어떤 나라에도 귀속되어 있지 않은 무주의 토지를 새로 발견하거나 전에 통치하던 국가가 포기한 지역을 다른 국가보다 먼저 실효적으로 지배함으로써 성립되는 영토취득의 권원이다(단 극지는 제외된다).

선점요건에는 ① 무주지일 것, ② 국가의 행위에 의할 것, ③ 선점 사실을 이해관계국에 통고할 것 등이 있다.

다) 일본 무주지 선점론 주장의 모순

① 무주지일 것: 독도는 지증왕 13년(512년) 이사부에 의해 신라에 복속된 이후 한국이 실효적 지배를 하던 곳이다. 무주지란 어떤 국가에도 귀속되지 않은 지역 혹은 국가 영역으로서의 통치를 떠나 유기된 지역으로, 영역의 유기 또는 포기는 국가가 포기 의사

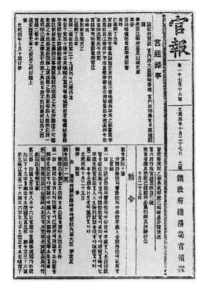
칙령 제41호가 실린 관보

를 명시적·대외적으로 하지 않았다면 이를 포기한 것으로 보지 않는다. 일본은 조선 정부의 울릉도와 독도에 대한 쇄환정책(刷還政策)은 울릉도와 독도에 대한 영역의 유기라고 주장하지만, 조선의 쇄환정책은 백성들을 보호하기 위한 것이었고, 정기적으로 수토관을 파견하여 울릉도와 독도를 관리해 왔다. 또한 고종은 1900년 10월 25일 대한제국 칙령 제41호를 통해 울릉도를 울도군으로 승격시키고 군수를 파견하여 울릉도와 죽도, 석도(독도)를 관할하도록 하였다.

② 국가의 행위에 의할 것: 국제법상 선점의 주체는 국가이며 선점 의사는 대외적으로 국가에 의해 표시되어야 하나 시마네 현은 지방관청으로 국제법상 의사를 대외적으로 표시할 수 있는 기관이 아니므로 시마네 현 고시는 국제법상 아무런 효력이 없다.

③ 선점 사실을 이해관계국에 통고할 것: 1905년 일본은 독도 편입을 당시 대한제국 정부에 전혀 통고하지 않았다. 국제법상 무인도인 독도는 이해관계국인 대한제국에 통고가 필요하다. 일본은 1905년 2월 22일에 '시마네 현 고시'로 그 현에 편입 선점을 완료했고, 그 후 대한제국의 항의가 없었다고 주장하지만 1905년 당시 대한제국은 을사보호조약으로 인해 일본으로부터 외교권을 박탈당한 상태였기 때문에 대한제국이 독도의 일본 편입에 대해 정식으로 항의할 입장에 있지 않았다는 점을 간과하고 있다.

라) 일본의 '고유 영토설'에 대한 부당성

일본은 이승만 대통령의 '인접 해양에 대한 주권에 관한 선언(일명 평화선)'으로 한일 간 독도가 문제가 벌어지자, 1553년 7월 '다케시마에 관한 일본 정부의 견해'와 1962년 7월 13일 자 외교 문서에서 "독도는 일본 고유의 영토"라고 주장해 왔고, 최근까지 이러한 주장은 계속되고 있다. 지난 2002년 4월 9일 일본 정부는 "일본 고유의 영토가 타국의 위협에 직면하고 있는 사실을 간과해서는 안 된다"며, "한국이 시마네 현의 다케시마 영유권을 주장하고 있다"고 기술한 한 고등학교 역사교과서에 대해 합격판정을 내린다.

또한 2008년 2월에는 일본이 17세기 독도에 대한 영유권을 확립하였으며 독도에 관한 '고유 영토설'을 일본 외무성은 공식화하였다. 이는 1905년 편입 이전부터 독도는 무주의 영토가 아니라 일본의 고유 영토라는 것이다.

  −일본의 주장 1: 일본은 옛날부터 다케시마의 존재를 인식하고 있었다. 오늘날 '다케시마'는 일본에서 일찍부터 '마쓰시마'로 울릉도는 '다케시마(이소다케시마)'로 불렸으며 '개정 일본여지노정전도'(1779년 초판)를 비롯한 각종 지도와 문헌에서 울릉도와 다케시마를 한반도와 오키제도 사이에 정확하게 기재하고 있음을 확인할 수 있다.

  −일본의 주장 1에 대한 반론: 일본은 1846년판 개정 '개정 일본여지노정전도'를 내세워 독도가 자신의 영토라고 주장하고 있으나 1779년 초판 '개정 일본여지노정전도'(1779년)와 '삼국접양지도'(1785년)를 보면 채색을 통해 영토를 명확히 구분해 놓았는데, 독도는 조선의 영토와 같은 색으로 칠해져 있다. 이를 보아 당시 일본은 독도를 조선의 영토로 인식하고 있었음을 알 수 있다.

개정 일본여지노정전도(1779년 초판)　　　　　　　　삼국접양지도(1785년)

  또한 일본의 메이지 정부 시기 조선에 파견된 관리가 제출한 '조선국교제시말내탐서(朝鮮國交際始末內探書)'에서 '죽도(울릉도)와 송도(독도)가 조선에 속하게 된 경위'라는 보고서를 보면 울릉도와 독도를 조선의 영토로 인식하고 있음을 알 수 있다.

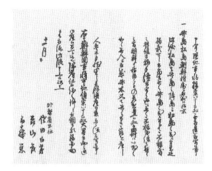

출처: 동북아역사재단 독도연구소

조선국교제시말내탐서(1870년)

죽도(竹島: 울릉도)·송도(松島: 독도)가 조선의 부속이 된 경위 송도(독도)는 죽도(울릉도) 옆에 있는 섬이다. 송도에 관해서는 지금까지 기록된 바가 없으나, 죽도에 관한 기록은 원록 연간(元禄年間)에 주고받은 서한에 있다. 원록 연간 이후 한동안 조선이 사람을 파견해 거류하게 했으나 이제는 이전처럼 무인도가 됐다. 대나무와 대나무보다 두꺼운 갈대가 자라고 인삼도 저절로 나며 그 외 어획도 어느 정도 된다고 들었다.

–일본의 주장 2: 일본은 울릉도로 건너갈 때의 정박장으로 또한 어채지로 다케시마를 이용하여 늦어도 17세기 중엽에는 다케시마의 영유권을 확립했다. 1618년 돗토리번 호우키노쿠니 요나고의 주민인 오야 진키치, 무라카와 이치베는 돗토리 번주를 통해 막부로부터 울릉도(당시 다케시마) 도해 면허를 받아 전복 채취, 강치 포획, 대나무 등의 삼림 벌채에 종사하였고 울릉도로 가는 길목에 해당하는 다케시마는 항행 도중의 정박장으로서 자연스럽게 이용되었다. 즉 일본은 늦어도 에도시대 초기인 17세기 중엽에는 다케시마의 영유권을 확립하였다.

–일본의 주장 2에 대한 반론: 일본은 독도가 자국의 고유 영토라는 주장의 근거로 '죽도(울릉도) 도해면허'와 '송도(독도) 도해면허'를 제시하고 있다. 그러나 '도해면허'란 타국의 영토로 넘어갈 때 자국에서 발행해주는 면허로 만약 일본이 울릉도와 독도를 자국의 영토로 인식했다면 '도해면허'가 필요가 없었을 것이다. 즉 '죽도 도해면허'와 '송도 도해면허'는 일본이 울릉도와 독도를 자국의 영토로 인식하고 있지 않았다는 반증이다.

도해면허

3) 신한일어업협정과 독도

　　1994년 11월 '유엔해양법협약'이 발효되면서 각국에서는 배타적 경제수역을 선포하기 시작한다. 우리 정부도 배타적 경제수역을 선포하기 위해 기점을 잡는데, 독도 기점이 아닌 울릉도를 기점으로 잡게 된다. 우리 정부는 신해양법 제121조 3항에 의거 독도는 무인도로서 암석(rock)이므로 배타적 경제수역의 기선이 될 수 없다고 해석하여 독도기점을 포기하고 울릉도를 한국의 배타적 경제수역 기점으로 잡는다. 당시 정부는 어업협정은 독도영유권과는 관계가 없으며 특히 협정 제15조에 "이 협정의 어떠한 규정도 어업에 관한 사항 외의 국제법상의 문제에 관한 각 체약국의 입장을 해하는 것으로 간주되어서는 안 된다"고 규정하였으므로 독도의 영유권 문제에는 영향을 주지 않는다고 하였다. 또한 1996년 한일 양국은 독도 문제와 배타적 경제수역의 경계 확정 문제를 분리하여 진행하기로 한다.

　　1997년 중국과 일본이 센카쿠 열도(중국명: 조어제도)를 잠정조치수역으로 설정하기로 합의하자 일본은 우리나라에도 잠정수역 설정을 제의한다. 그리고 우리 정부도 동의하게 된다. 1998년은 한국이 국제통화기금의 금융지원을 받게 되는 국가경제위기상황이었다. 이런 상황을 악용한 일본은 기존 한일어업협정을 일방적으로 파기하고 새로운 한일어업협정 체결을 강요한다. 일본의 경제지원이 필요했던 우리 정부는 1998년 11월 28일 신한일어업협정에 서명하게 된다. 신한일어업협정의 내용을 보면 "독도와 그 주변 12해리를 잠정협정수역 안에 포함시키고 공동관리 형태의 잠정합의수역을 둔다"는 내용이 있다. 이 부분에 대해 한국정부는 어업협정과 영토문제는 관련이 없는 사항이라고 해석하고 있지만, 일본은 이를 독도 문제의 미해결 상태로 인한 잠정수역이라고 주장하고 있다. 이처럼 '신한일어업협정'이 독도의 영유권에 영향을 주는가에 대한 논쟁은 아직도 지속되고 있다.

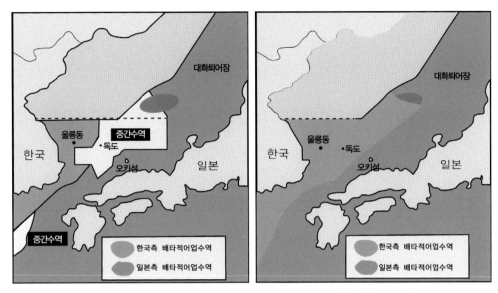

신한일어업협정(1998년)　　　　　　　　　한일어업협정(1965년)

가) 신한일어업협정 폐기론

‘신한일어업협정’의 폐기를 주장하는 이들은 ‘신한일어업협정’으로 인해 독도는 공해 상의 명확하지 않은 섬이 되었고 영토 주권에 심각한 침해를 입었다고 주장한다. 어업 권은 결국 주권과 분리될 수 없는 부분이며 향후 광물자원 개발, 대륙붕 경계 획정 등 의 기능을 할 수도 있다는 것이다. 또한 15조 규정에 대해서도 “어업에 관한 사항 외의 국제법상의 문제에 관한 각 체약국의 입장을 해하는 것으로 간주되어서는 안된다”는 한국의 입장에서는 ‘독도의 영유권을 해하지 않는다’로 해석되지만, 일본의 입장에서는 ‘다케시마의 영유권을 해하지 않는다’로 해석이 되는 효과가 발생하게 된다고 주장하고 있다.

나) 신한일어업협정 폐기 반대론

정부와 ‘신한일어업협정’ 폐기 반대를 주장하는 이들은 ‘신한일어업협정’은 어업에 관 한 사항만 다룬 협정이며 또한 제15조에도 명시를 하였으므로 독도 영유권 훼손에는 아무 런 영향을 주지 않는다고 주장한다. 이에 대한 국제적 사례로 프랑스와 영국의 망키에·에크르오 영유권 분쟁사건에서 어업협정을 체결하여 공동어로 수역을 설정한 것이 영유 권에 아무런 영향을 주지 않았다는 사례를 들고 있다. 첫째, 독도는 영토분쟁 대상이 아니며, 둘째, '신한일어업협정'은 15조를 통해 독도의 영유권을 다룬 것이 아니라 명시하였고 중간수역이라는 용어는 편의상 기술에 불과하며, 셋째, 망키에 · 에크르오 영유권 분쟁사건의 사례에서 알 수 있듯이 독도의 영유권에는 영향을 주지 않는다는 것이다.

다) 독도는 섬인가? 암석인가?

'해양법에 관한 국제연합 협약' 제8부 '섬의 제도'(121조)를 보면, 1항 섬이라 함은 바닷물로 둘러싸여 있으며, 밀물일 때에도 수면 위에 있는, 자연적으로 형성된 육지 지역을 말한다. 2항 제3항에 규정된 경우를 제외하고는 섬의 영해, 접속 수역, 배타적 경제수역 및 대륙붕은 다른 영토에 적용 가능한 이 협약의 규정에 따라 결정한다. 3항 인간이 거주할 수 없거나 독자적인 경제활동을 유지할 수 없는 암석(바위섬)은 배타적 경제수역이나 대륙붕을 가지지 아니한다고 규정되어 있다. 즉 이 규정에 따르면 독도는 1항에 만족하므로 '섬'이라 할 수 있고, 2항에서도 영해, 접속 수역, 배타적 경제수역 및 대륙붕까지 가질 수 있다. 3항에서처럼 독도가 암석(바위섬)이더라도 배타적 경제수역 및 대륙붕을 가지지 못할 뿐이지 영해나 접속수역은 가질 수 있는 것이다. 따라서 독도는 국제법상 섬이라고 할 수 있다.

세계 각국은 배타적 경제수역과 대륙붕 확보를 위해 '해양법에 관한 국제연합 협약'에 대한 해석을 아주 유연하게 하고 있는 상황이다. 그로 인해 국제분쟁도 많이 발생하고 있다. 신중한 입장에서 독도도 여기서 자유롭지는 않은 상황이라 할 수 있다. 세계 각국에서는 자국에 유리하도록 섬의 유인화 작업에 적극적이다. 우리도 독도의 지속적 개발을 통해 제3항의 '인간이 거주할 수 없거나 독자적인 경제활동을 유지'라는 요건을 객관적으로 충족시키기 위해 노력을 기울일 필요가 있는 상황이다.

다. 일본의 영토 분쟁 지역 그리고 독도

독도 문제에 대한 보다 정확한 인식과 해결 방안 모색을 위해서는 현재 일본의 영토 분쟁 지역을 살펴볼 필요가 있다. 현재 일본의 영토 분쟁 지역은 센카쿠열도(중국명: 댜오위다오)와 쿠릴열도가 있다. 일본은 현재 독도, 센카쿠열도, 쿠릴열도 세 개의 지역 가운데, 센카쿠열도만 실효적 지배를 하고 있다. 독도의 경우는 우리나라가, 쿠릴열도는 러시아가 실효적으로 지배하고 있다. 그리고 일본은 실효적 지배를 하고 있는 센카쿠열도의 경우에는 자국의 실효적 지배에 대하여 국제법 및 역사적인 타당성을 강조하는 반면, 독도와 쿠릴열도의 경우에는 실효적 지배가 인정될 수 없다고 주장하며 이는 국제법 및 역사적으로 불법임을 강조하는 입장을 취하고 있다.

1) 센카쿠열도(조어도, 댜오위다오) 분쟁

일본 오키나와 서남쪽 약 400km, 중국 동쪽 약 350km, 대만 북동쪽 190km 정도 떨어진 동중국해 상에 위치한 5개 섬과 3개의 암초로 구성된 전체 면적 6.3㎢에 불과한 지역이다. 역사적으로 중국이 영유권을 가지고 있는 것으로 인정되고 있으나 청·일전쟁에서 일본이 승리함으로써 '시모노세키 조약'에 의해 이후 일본이 실효적 지배를 해오고 있다. 그동안 중국은 센카쿠열도에 대한 영유권 주장을 강하게 제기하지 않다가 1970년대 석유 매장 가능성과 배타적 경제수역의 기점 및 대륙붕 경계선 미확정, 동중국해의 해상교통 요충지로 지정학적 관심이 커지면서 본격적으로 영유권 분쟁이 시작되었다. 2010년 센카쿠 해역에서 조업하던 중국어선이 일본 순시선과 충돌하는 사건이 발생하였는데, 이때 일본은 중국어선을 나포하고 선장을 체포하였다. 이에 중국은 첨단제품의 주요 원료인 희토류의 일본 수출 중단이라는 경제적 보복 조치를 취하였다. 2012년에는 홍콩 시위대의 댜오위다오(센카쿠) 상륙과 일본의 센카쿠(댜오위다오)의 국유화, 이에 맞선 중국의 영해 기선 선포와 해양감시선 파견 등 양국 간의 갈등은 영유권 분쟁을 넘어 민족주의적 국민감정까지 개입되어 반일, 반중 감정 및 상대국 제품의 불매운동 등 최절정으로 치닫고 있다.

센카쿠열도(댜오위다오)

2) 쿠릴열도(북방영토) 분쟁

일본의 홋카이도와 러시아의 캄차카반도를 잇는 50여 개의 쿠릴열도 섬 중 최남단 2개 섬(이투룹 섬, 쿠나시르 섬)과 홋카이도 북쪽의 2개 섬(하보마이 군도, 시코탄 섬)에 대한 일본과 러시아의 영유권 분쟁을 말한다. 역사적으로 일본이 영유권을 가지고 있는 것으로 추정되지만 제2차 세계대전 이후 1945년 2월 얄타협정으로 러시아가 실효적 지배를 해오고 있다. 최근 러시아는 냉전 시대의 종식으로 쿠릴열도의 전략적 가치가 상대적으로 저하된 상황에서 에너지 공동 개발은 물론 일부 섬(시코탄, 하보마이)의 반환 가능성까지 언급하기까지 하였다. 그러나 메드베데프 총리는 2010년에는 대통령으로서, 2011년에

쿠릴열도

는 총리로서 쿠릴열도를 방문하는 등 '실효적 지배'를 강화하는 조치들을 취하면서 러·일 간의 관계가 급속히 냉각되기도 했다. 다만 2009년 5월 방일 당시 하보마이 군도와 시코탄 등 2개 지역은 일본에 양도할 수 있다는 뜻을 나타내기도 했던 푸틴이 2012년 재집권하면서 새로운 양상을 맞이할 것으로 예상된다.

3) 영토 분쟁 지역에 대한 일본의 의도와 대응

현재 일본은 한국에는 독도를, 러시아에는 쿠릴열도를, 중국에는 센카쿠열도를 자신의 영토라고 주장하고 있다. 이처럼 일본이 주변 국가로부터 고립을 감수하면서까지 영유권 주장을 하는 의도는 무엇일까? 일본이 주장하고 있는 배타적 경제수역 범위를 이해하면 그 의도를 알 수 있다. 일본은 19세기 말부터 수산 및 해저자원 확보를 위해 무인도 선점을 해왔는데 동쪽으로는 미나미토리 섬, 서쪽으로는 독도, 남쪽은 센카쿠열도, 북쪽은 북방영토를 모두 자국 영토라고 주장하고 있다. 만약 일본의 주장이 모두 인정될 경우 일본 본토의 12배에 달하는 배타적 경제수역을 확보하게 된다.

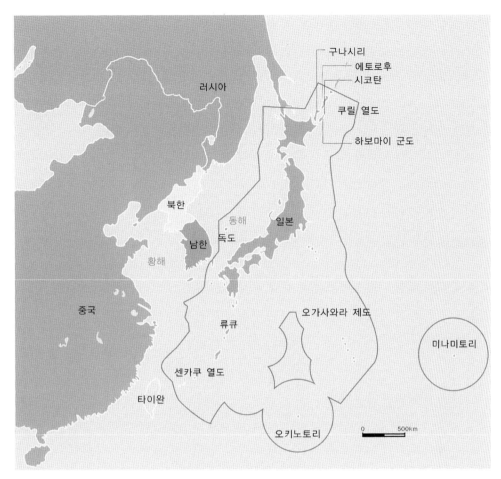

일본이 주장하는 배타적 경제수역

일본은 독도 문제를 국제사법재판소에 회부하여 해결하자고 주장을 해오고 있다. 그렇다면 러시아가 실효적 지배를 하고 있는 쿠릴열도에 대해서도 일본은 같은 주장을 하고 있는 것일까? 그렇지 않다. 쿠릴열도의 경우는 러시아가 불법으로 점거하고 있다고 주장하면서도 국제사법재판소에서의 해결을 주장한 적은 없다. 단지 일본 측은 외교적인 정책에 의해 러시아와의 영토 분쟁 문제를 해결하려 하고 있다. 그렇다면 왜 일본은 독도와는 다르게 쿠릴열도에 대해서는 이러한 외교적인 정책만을 취하는 것일까? 일본의 이러한 서로 다른 기준의 잣대는 어떻게 설명될 수 있을까? 바로 미국과의 관계라는 키워드로 이 문제는 설명된다. 독도 문제에 대해서는 미국의 지원을 받을 수 있으나, 쿠릴열도의 영유권 분쟁은 미국의 지원을 기대할 수 없는 입장이기 때문이다. 그러므로 일본에 있어 이러한 영토분쟁 문제란 역사적 사실에 바탕을 둔 인식을 통한 진실게임이 아니라 미국이라는 강대국과의 정치적 역학관계에 의한 힘의 논리일 뿐이다. 1965년 한 일협정 체결 이후에도 암묵적으로 국제사법재판소에서의 해결 방식의 고수를 주장하는 일본의 속마음에는 미국의 지원을 받을 수 있을 때 독도 문제를 외교카드로 사용해 어떻게든 독도에 대한 공동 관리권을 얻어내고자 하는 데 있다고 보인다.

독도에 대해서는 이렇게 국제사법재판소를 통한 해결 방식을 고수하는 일본이 자국이 실효적 지배를 하고 있는 센카쿠열도에 대해서는 어떤 입장을 취할까? 센카쿠열도에 대해 실효적 지배를 하고 있는 일본은 혹시 상대국인 중국이나 대만이 국제사법재판소에 이 문제를 제소하는 움직임을 보여도 받아들이지 않겠다는 입장이다. 이러한 일본의 주장은 너무나 이기적인 주장들이다. 결국 이러한 일본의 주장은 자신들의 논리는 모두 옳고 상대방의 논리는 모두 틀렸다는 억지 논리인 셈이다.

4) 일본은 왜 독도를 국제사법재판소로 보내려 하나?

앞에서도 언급했듯이 현재 일본은 독도, 쿠릴열도, 센카쿠열도 중 국제사법재판소 회부를 주장하고 있는 지역은 오직 독도뿐이다. 일본은 패소가 예상되는 쿠릴열도나 승소해도 별 이득이 없는 센카쿠열도에 대해서는 국제사법재판소 회부를 거부하면서 유독 독도에 대해서만 회부를 주장하고 있다. 이유는 독도는 한국이 실효적으로 지배하고 있으므로 패소하더라도 별 손해 볼 것이 없기 때문이다.

일본은 1952년 1월 18일 우리 정부의 '평화선 선언' 이후 우리 정부의 독도 근해에서의 일본어선 나포와 1954년 독도경비대 막사 건립 및 등대 점등에 대한 항의로 1954년 9월 25일 일본 측 구술서를 통해 처음으로 국제사법재판소 회부 제안을 한 바 있다. 그럼 일본은 어떤 근거에서 독도 문제를 국제사법재판소에 회부했을 때 승리를 자신하고 있는 것일까? 첫째, 독도가 일본의 고유한 영토였다는 역사적 권원(고유 영토론)이고, 둘째, 1905년 시마네 현 고시를 통한 독도 영토 편입이 국제법 절차상 하자가 없다고 생각하는 영토편입설(무주지 선점론)이다. 셋째는 만약 독도 문제가 국제사법재판소에 회부될 경우 이른바 '결정적 기일(Critical Date)'을 적용되는데 일본은 이 '결정적 기일'을 1952년 1월 18일 '평화선 선포'로 보고 있다. 즉 국제사법재판소가 '결정적 기일'을 우리 정부의 '평화선 선포'로 볼 경우 '평화선 선포' 이후의 한국의 독도에 대한 주권적 조치들은 실효적 지배의 증거로서 영향을 미치지 못한다는 것이다. 그래서 일본은 우리의 '평화선 선포' 이후 끊임없이 독도 문제에 대해 항의하고 외교적으로 언급함으로써 독도를 분쟁지역화 하려는 것이다.

2012년 8월 10일 이명박 대통령은 헌정 사상 처음으로 현직 대통령으로서는 처음으로 독도를 전격적으로 방문하였다. 이명박 대통령의 독도 방문은 최근 우경화되고 있는 일본 정부의 잘못된 역사 인식에 대한 경고이자 독도가 한국의 영토임을 대내외에 천명한다는 강한 의지를 보여준 점에서 큰 의미를 갖고 있다. 그러나 다른 한편으로는 독도가 국제분쟁지역화될 수 있다는 비판도 따르고 있다. 또한 일본 정부도 독도 문제를 국제사법재판소에 단독 제소 추진을 하겠다고 하고 있다.

그럼 국제사법재판소(ICJ: International Court of Justice)라는 곳은 어떤 곳일까? 국제사법재판소는 국제연합(UN) 산하기관으로 국제법에 따라 국가 간의 분쟁을 해결하는 역할을 하는 기관으로 1945년 설립되었고 현재 네덜란드 헤이그에 있다.

그럼 과연 일본은 독도 문제를 국제사법재판소에 단독 제소를 할 수 있는 것일까? 답은 '불가능하다'이다. 국제사법재판소 규정 제36조 2항을 보면 '선택 조항'을 수락한 국가 간에는 어느 한 국가만의 제소가 있어도 상대국이 재판에 응하지 않더라도 국제사법재판소가 재판을 진행할 수 있다. 즉 여기서 '선택 조항'은 '강제관할권'으로 한 국가가 영토 문제 등과 관련해 제소하면 국제사법재판소가 상대방 국가에 재판에 참석하라고 강제할 수 있는 권한이다. 현재 '강제관할권'을 수용한 국가는 유엔 가맹국 193개국 중 67개국이며 일본은 1958년 수락하였고 한국은 1991년 국제사법재판소 가입 당시 '강제관할권'을 유보하였다. 유엔안보리 상임이사국 가운데 강제관할권을 수락한 국가는 영국뿐이다. 많은 국가가 강제관할권을 수락하지 않고 있는 것은 국가 주권에 관한 문제를 국제사법재판소에 맡기는 것에 대해 신중하게 판단하고 있기 때문이다. 따라서 우리나라의 동의가 없는 한 일본 단독으로 국제사법재판소에 독도 문제에 관한 분쟁을 제소할 수 없다. 최근 일본은 국제사법재판소에 영토 문제가 제소될 경우, 상대국이 의무적으로 응하는 강제관할권 수락을 한국 등에 요구하기도 했다. 이는 독도를 비롯해 중국과 주변국 간의 동중국해 영유권 분쟁 등을 염두에 둔 것으로, ICJ 강제관할권을 수락하지 않고 있는 한국과 중국을 압박하기 위한 것이다. 이 신문은 "일본은 의무적 관할권을 수락하고 있는 만큼 이를 수용하지 않는 한국, 중국과의 차별화를 부각하고, 일본 주장의 정당성을 국제사회에 알리려는 것"이라고 전했다.

라. 독도 지킴이와 캠페인

1) 독도를 지키는 사람들

가) 이사부

신라 17대 내물왕의 4대손으로 지증왕, 법흥왕, 진흥왕 3대에 걸쳐 신라의 영토 확장에 지대한 공헌을 한 신라를 대표하는 장군으로 '태종(苔宗)'이라고도 한다. 이사부의 가장 대표적 업적으로는 하슬라주(阿瑟羅州)(현재 강원도 강릉) 군주일 당시(지증왕 13년, 512년) 지증왕의 명을 받아 우산국(于山國)을 귀복시킨 일이다.

그 나라 사람들이 어리석고 사나워서 위력으로는 항복을 받기 어려우니 계략으로써 복속시킬 수밖에 없다 생각하고, 이에 나무 사자를 많이 만들어 전선(戰船)에 나누어 싣고, 그 나라 해안에 이르러 거짓으로 말하기를 "너희가 항복하지 않으면 이 맹수를 풀어 밟아 죽이겠다"고 하였는데, 우산국 백성들이 두려워서 즉시 항복했다(『삼국사기』 권4 「신라본기」 지증마립간 13년).

이후 이사부는 541년(진흥왕 2년) 이찬(伊湌, 신라 골품제도에서 두 번째로 높은 지위)의 자리에 오르면서 상대등, 시중을 겸하는 최고의 요직인 병부령(兵部令)으로 임명된다. 이사부의 또 다른 업적 중 하나는 550년(진흥왕 11년)에 백제가 고구려의 도살성(道薩城)을 함락하고 고구려는 백제의 금현성(金峴城)을 점령하는 등 백제와 고구려 두 나라 간의 공방이 벌어지는 틈을 타 진흥왕의 명을 받아 도살성(道薩城)과 금현성(金峴城) 두 성을 모두 점령하고, 신라가 한강유역에 진출함을 넘어 함경도까지 영토를 확장하는 데 큰 공을 세운다. 국보 제198호인 단양신라적성비(丹陽新羅赤城碑)에 의하면, "549년(진흥왕 10년) 전후에 이찬 이사부는 파진찬 두미(豆彌)와 아찬 비차부(比次夫), 무력(武力, 김유신의 할아버지) 등을 이끌고 한강 상류 지역을 경략하여 신라 영토를 크게 넓혔다"고 되어 있다.

이사부 국가표준 영정 제83호

또한 이사부는 545년에는 왕에게 국사 편찬의 필요성을 주장하여 『국사(國史)』가 편찬되도록 하였다.

이사부는 562년 대가야가 반란을 일으키자 출정하여 대가야를 멸망시키는 동시에 왜의 세력도 한반도에서 완전히 제거함으로써 신라가 낙동강 하류 지역을 장악하는 데 큰 공을 세운다.

나) 안용복

안용복의 신상에 대해서 정확하게 알려진 바는 없다. 일본의 오카시마 마사요시가 저술한 『죽도고』(竹島考, 1828년)에 안용복이 차고 있던 호패에 대한 내용이 나온다. 호패 앞면을 보면 '동래', 나이(33세), 신장(4척 1촌), 용모(검은 얼굴과 마맛자국), 주인(京居吳忠秋, 경거오충추)이라고 표시되어 있고, 뒷면에는 간지 '경오', 거주지(부산 좌천 1리 제14통 3호)라고 표시되어 있다고 한다. 즉 안용복은 일본으로 넘어갈 당시(1693년) 부산 동래 좌천 1리에 거주하고 있었으며, 나이는 36세, 키는 약 140㎝로 검은 얼굴에 마맛자국이 있고 주인은 서울에 사는 오충수라는 것을 알 수 있다. 또한 조선 후기 실학자 이익의 『성호사설』의 기록을 보면 부산 동래 출신으로 경상 좌수영 수군 전선(戰船)의 노를 젓는 군사로 일본말을 잘했다고 되어 있다. 결론적으로 안용복은 조선 정부를 대표하거나 높은 관직을 지내던 사람이 아니고 노비 혹은 일반 백성이었다는 것을 알 수 있다.

『숙종실록』에 의하면 안용복은 1693년(숙종 19년), 1696년(숙종 22년) 두 차례 일본으로 건너가 울릉도와 독도가 조선 땅임을 주장했다고 기록되어 있다. 그 외 안용복의 활동에 대한 기록은 『승정원일기』, 『비변사등록』 등에 조금씩 남아 있다. 이 같은 안용복의 활약으로 일본의 에도막부는 울릉도 도해금지 명령을 내렸고 또한 이 사실을 근거로 일본의 메이지 정부도 1877년 울릉도와 독도가 일본과는 관계가 없는 조선의 영토라는 것을 재확인한다.

안용복 동상(부산 수영사적공원)　　　　　　　안용복 장군 충혼비(울릉도 약수공원)

다) 이규원

이규원은 1833년(순조 33년) 강원도에서 태어났으며 19세 때 무과에 합격한 무신이
다. 안용복 사건 이후 잠잠하던 일본의 울릉도와 독도 인근의 불법 행위는 19세기 중엽
부터 빈번해지기 시작하여 울릉도에 '송도'라는 푯말을 세울 정도로 노골화되었다. 조선
정부는 울릉도를 비우는 수토정책(搜討定策)을 폈고 정기적으로 수토관을 울릉도와 독도
에 보냈다. 1881년(고종 18년) 울릉도를 살피던 수토관이 울릉도에 들어와 무단 벌목하
고 있는 일본인을 적발하게 되고 이 사실을 조정에 보고하게 된다. 이에 조선 정부는 이
규원을 울릉도 검찰사로 임명하고 울릉도를 조사하도록 한다. 울릉도로 파견된 이규원
은 울릉도의 지형과 토지 비옥도, 해산물 등을 구별하여 『검찰일기』에 기록한다. 1882년
6월 5일 울릉도 조사 결과를 보고하는 자리에서 이규원은 공도정책이 조선의 국익에 전
혀 도움이 되지 않는다고 보고한다. 이규원의 보고로 조선 정부는 일본에 항의 서한을
보내고 후속 조치로 김옥균을 '동남제도개척사겸 관포경사'로 임명하고 울릉도로 주민
들을 이주시킴과 동시에 재개척 사업을 시작하게 된다. 이로써 400여 년간 시행되었던
울릉도와 독도의 쇄환정책이 풀리게 되고 지금까지 울릉도 관리정책으로 이어지고 있다.

출처: 독도본부(http:// dokdocenter.org/)

『고종실록』고종 18년(1881)

"지금 강원감사(江原監司) 임한수(林翰洙)의 장계(狀啓)를 보니, '울릉도 수토관(鬱陵島搜討官)의 보고를 하나하나 들면서 말하기를, 순찰할 때에 어떤 사람이 나무를 찍어 해안에 쌓고 있었는데 머리를 깎고 검은 옷을 입은 사람 7명이 그 곁에 앉아 있기에 글을 써서 물어보니 일본 사람이 나무를 찍어 원산(元山)과 부산(釜山)으로 보내려고 한다고 대답하였답니다. 일본 선박의 왕래가 근래 대중없어서 이 섬에 눈독을 들이고 있으니 폐단이 없을 수 없습니다. 청컨대 통리기무아문(統理機務衙門)으로 하여금 품처(稟處)토록 하기 바랍니다'라고 하였습니다. …… 부호군(副護軍) 이규원(李奎遠)을 울릉도 검찰사(鬱陵島檢察使)로 임명하여 가까운 시일에 빨리 가서 철저히 타산해보고 의견을 갖추어서 보고하여 이로써 문의해서 처리하게 하는 것이 어떻겠습니까" 하니 (……) 모두 승인하였다.

라) 심흥택

1855년 서울에서 태어난 심흥택은 1903년부터 약 3년간 울도(울릉) 군수로 재직하였고 우리나라에서 '독도'라는 명칭을 처음 사용하였다.

러·일전쟁에서 독도의 군사적 가치를 인식한 일본은 1905년 2월 22일 시마네 현 고시 제40호를 공포하고 일방적으로 독도를 일본 영토로 강제 편입한다. 하지만 관보도 아닌 일개 지방정부의 고시였고 또한 일본으로부터 어떤 통고도 받지 못한 대한제국은 이 같은 사실을 알 수가 없었다. 그렇게 일본의 독도 강제 편입이 1년이 지난 1906년 3월 28일 일본의 대규모조사단은 울릉도와 독도를 조사하고 당시 울도 군수 심흥택을 방문하여 독도가 일본 영토가 되었음을 일방적으로 통보한다. 사태의 심각성을 인식한 심흥택은 다음 날 바로 강원관찰사서리 춘천군수 이명래에게 보고하였고 이는 중앙정부까지 보고가 된다. 하지만 조선 정부는 일본에 어떠한 항의도 하지 못하는데, 그 이유는 조선은 이미 을사조약(1905년)으로 외교권이 박탈된 상태였기 때문이다.

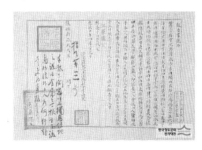

출처: 동북아역사재단 독도연구소

심흥택 보고서

울릉도·독도학술조사단   한국령 표지석

마) 울릉도·독도학술조사단

울릉도·독도 학술 조사단은 1947년 당시 민정장관 안재홍을 중심으로 했던 과도 정부의 수색 위원회를 중심으로 학자, 산악인, 사진가, 언론인, 공무원 등 총 72명이 참가한 범국가적인, 현지 연구를 위한 조사단이었다. 한국 정부는 1952년 샌프란시스코강화조약의 체결로 일본의 울릉도·독도 접근이 불가능해졌음에도 일본 어민의 불법적인 독도 상륙이 빈번함을 인지하고 한국산악회독도조사단을 구성하여 1953년 10월 독도에 불법으로 세워진 '다케시마(竹島)' 표석을 뽑고 그 자리에 '독도' 표석을 세웠다. 또한 이 조사단의 활동으로 울릉도 주민들이 독도를 '독섬'이라고 부른다는 사실도 알려졌다.

바) 홍순칠과 독도의용수비대

홍순칠은 1929년 경상북도 울릉도에서 태어났다. 그의 할아버지 홍재현은 1883년 울릉도가 재개척되면서 강릉에서 울릉도로 이주해 자리를 잡았다. 홍순칠은 6·25전쟁 때 군에 입대하였다가 전상으로 1952년 특무상사로 제대하게 된다. 어느 날 울릉도 경찰서 앞마당 한쪽에 있는 '시마네 현 오키 군 다케시마(島根縣隱岐郡竹島)'라는 나무 표지판을 본 홍순칠은 독도를 지키기로 결심하고 사재를 털어 독도의용수비대를 조직한다.

독도의용수비대는 1953년부터 약 3년 8개월간 열악한 환경에서도 일본의 독도 무단 침입을 막아낸 순수 민간 조직이다. 당시 대한민국은 6·25전쟁으로 혼란에 휩싸여 있었고 정부의 행정력은 울릉도와 독도에까지 미칠 여력이 없는 상황이었다. 이런 상황에

독도의용수비대   홍순칠 대장

서 일본인들은 독도에 무단 상륙하고, 1948년에는 미군의 폭격 연습으로 희생된 한국 어부의 위령비를 파괴하는 등 불법 침략을 공공연히 저질렀다. 이 같은 상황에서 독도를 지켜온 독도의용수비대의 독도 수호 활동은 오늘날까지 우리나라가 실효적 지배를 하는 데 큰 공헌을 하게 된다.

사) 독도에 거주하고 있는 사람들

1965년부터 울릉도 주민 최종덕 씨에 의해서 독도에 주민이 상주하기 시작했다. 최종덕 씨는 독도에서 어로 활동을 하다가 독도에 건물을 짓고 상주했고, 1981년 10월에는 독도가 일본 땅이라는 일본의 망언에 항의해 주민등록을 옮겨 1987년 사망할 때까지 독도에서 거주했다. 최종덕 씨가 작고한 뒤 딸 최경숙·조준기 씨 가족은 독도 최초로 일가족이 모두 거주하였고 1986년 7월부터 8년간 거주하였다. 또한 아들 조강현 씨는 독도 출생 1호 주민이다. 현재 서도에는 1991년 11월 독도로 이사 온 김성도·김신렬 씨 부부와 독도 관리사무소 소속 직원 2명이 어민숙소에 거주하고 있고, 동도에는 독도경비대원 30여 명과 등대 관리원 3명이 거주하고 있다. 독도에 거주하고 있지는 않지만, 독도로 등록 기준지(구 호적)를 옮긴 사람은 2011년 8월 현재 약 2,519명에 이른다.

김성도 · 김신열 부부 독도 경비대

아) 독도경비대

1956년 12월 25일 독도의용수비대가 완전히 철수하고 이후에는 현재 정부조직법 제
29조에 이해 경찰청이 담당하고 있으며, 직접 독도에 상주하면서 독도 경비 업무를 수행
하고 있다. 이러한 노력 끝에 1996년 6월 27일 경북지방경찰청 울릉경비대가 창설되었
다. 그리고 그 산하에 독도경비대를 두고 있다. 현재 동도에는 헬기장 및 첨단 경비시설
이 갖추어져 있고 2개월마다 울릉경비대 34명이 교대 근무하고 있다.

2) 독도를 지키기 위한 다양한 활동들

앞서 이야기했던 사례들처럼 우리는 우리의 삶과 겨레의 얼이 어우러져 있는 독도
를 지키기 위해 지금도 노력하고 있다. 이처럼 독도를 지키는 활동은 정부와 민간의
구분 없이 여러 측면에서 다양하게 이루어지고 있다. 문화재청은 독도를 1982년 천연
기념물 제336호로 지정하였고, 1999년 '천연보호구역'으로 변경하였다. 환경부는
2000년에 독도를 '특정도서'로 지정하여 자연환경과 생태계 보호에 힘을 쓰고 있다.
또한 국회는 '독도의용수비대 지원법' 시행령을 제정하여 의용수비대원의 정신을 기리
고 유족에 대해 지원을 하고 있다. 경상북도 의회는 '독도수호특별위원회'을 구성하고
2005년 7월 '독도의 달' 조례를 공포하고 매년 10월을 '독도의 달'로 지정하였다. 또
한 경상북도는 안용복 재단을 설립하여 독도 관련 연구와 각종 관련 사업을 지원하고
있다. 울릉군에서도 독도관리사무소와 독도박물관 운영을 통해 독도교육 및 홍보에 힘
쓰고 있다.

3) 독도를 지키기 위한 모임

독도를 연구하는 대표적 정부 기관으로는 정부 산하 동북아역사재단 독도연구소, 한국해양수산개발원 독도·해양영토연구센터, 한국해양과학기술원 동해연구소 등이 있으며 경상북도 지역을 중심으로 학술 연구 단체가 활발하게 활동하고 있다. 경북대학교 울릉도·독도연구소, 영남대학교 독도연구소, 경일대학교 독도간도연구센터는 독도 관련 자료를 수집·정리하며 각종 학술 대회를 통해 자료를 공유하고 있다. 독도를 주 연구 대상으로 하는 학술 단체는 독도조사연구학회, 독도학회, 사단법인 한국영토학회 등이 있다. 시민운동 단체의 활동으로는 사이버외교사절단 반크, 독도본부, 사이버독도닷컴, 독도수호대, 독도의병대 등이 국내외 독도 홍보에 힘을 쏟고 있다. 또한 경상북도에서도 '사이버 독도' 공식 홈페이지를 운영하고 있다.

제2장
중등교육에서의 독도교육

1. 중등교육에서의 독도교육 추진 방향

가. 서론: 독도교육의 시작

日 '독도 홈페이지' 개설 …… "日 고유 영토" MBC(2014.01.24)

日 시마네 현 '독도 일본땅' 주장 고지도 전시 KBS(2014.01.25)

日 문부상 "교과서에 '독도 일본땅' 명기 당연" YTN(2014.01.14)

日 외무성, '독도 영유권 주장' 영상 한국어판 유포 MBC(2013.12.12)

안녕들 하십니까? 2014년 새해 아침에도 독도는 안녕하지 못하다. 2014년 1월 일본 정부는 중학교와 고등학교 '학습지도요령 해설서'에 독도와 조어도(일본명 센카쿠, 중국명 댜오위다오)를 일본 고유 영토라고 명기하기로 방침을 정했다. 해당 내용은 중학교 역사와 사회 해설서에, 고등학교 지리A·B와 일본사A·B 해설서에 반영된다. 2016학년도부터 사용할 일본의 교과서에서 독도는 일본 땅이라고 기재될 것이다. 해설서 자체가 법적 구속력은 없지만, 학습지도요령의 의미나 해석을 구체적으로 제시해 교과서 제작이나 수업 지침이 되고 있다.

일본 정부의 우경화 흐름으로 다양한 분야에서 독도에 대한 영유권 주장을 강화하고 있는 추세이다. 일본 정부는 독도에 대한 영유권 주장을 위해 학생들을 대상으로 하는 역사, 지리, 사회 교육에서 많은 노력을 기울이고 있다는 점이 보인다. 또한 독도 영유권을 주장하고 있는 시마네 현의 활동도 지속해서 이뤄지고 있음을 알 수 있다. 2005년 다케시마의 날을 지정하였던 일본은 독도 홈페이지를 만들고 다국어 홍보 영상을 제작하며 독도 영유권 주장을 계속 강화하고 있는 추세이다. 이처럼 일본은 2014년에도 교육, 외교, 지방자치단체 등 다양한 분야에서 독도는 일본 땅이라는 영유권 주장 활동을 지속적이면서도 체계적으로 진행하고 있다.

그렇다면 대한민국의 독도교육은 어떤 모습으로 진행되고 있을까? 독도를 지키기 위한 우리 교육의 모습은 이제 시작 단계처럼 보인다. 지금까지의 교육과정에서 독도교육은 창의적 체험활동, 사회 및 역사 교과에서 한정되어 제시되고 있다. 또한 사회 및 역사 교과의 수업에서도 수업 시수의 부족으로 독도에 대한 체계적인 수업은 진행되지 못하고 있다. 물론 최근의 흐름에 따라 교육부와 각 시도별 교육청에서 독도 관련 자료를 발행하거나 부교재를 제작하고 체험 활동을 운영하고 있으나 대부분은 제한적인 내용을 토대로 교육이 진행되고 있다. 또한 시도 교육감 인정 도서 부교재가 제작되었으나 홍보 부족으로 제대로 활용되지 못하고 있는 것이 현실이다. 이러한 상황에서 교육 당국은 학생들의 독도교육을 체계화한다는 취지에서 '독도교육 내용체계'를 2011년 4월 발표했다. '독도교육과정'을 통해 독도의 자연환경과 다양한 가치는 물론 독도가 우리의 영토임을 체계적으로 교육할 것을 제시하고 있다. 이제 '독도교육 내용체계'를 창의적 체험 활동 및 교과 수업에서 어떻게 가르칠 것인가에 대한 고민이 필요한 시점이다. 따라서 여기에서는 실제 수업에서의 적용을 고민하며 독도교육과정에 대해 분석하고자 한다.

나. 본론: 독도교육과정 분석

1) 2009 개정 교육과정 분석을 통해서 본 독도교육

교육과학기술부가 수시 개정 교육과정을 말하면서, 2007년 이후 교육과정은 제7차 교육과정의 기본 철학 및 체제의 기본 틀 아래 수시로 제안되고 바뀌어 왔다. 2007년에는 사회 교과 교육과정인 각론이 새롭게 개발·고시되었고, 2008년에도 사회과 교육과정이 수시 개정의 일환으로 다시 개편되었다. 이러한 방향에서 2009 개정 교육과정에서는 총론을 비롯한 사회과를 중심으로 독도교육에 대한 구체적인 지침을 언급하고 있다. 이는 이전 교육과정에서는 볼 수 없었던 것으로 독도교육의 중요성을 인식한 국가 사회적 요구사항의 반영 결과라고 볼 수 있다. 특히 여타 교과와 달리 사회과를 중심으로 독도교육에 대한 내용이 언급된 것은 사회과가 독도교육과 밀접한 관련이 있는 중핵교과라는 점과 사회과의 하위범주로서 독도교육의 연계지도를 강조한 결과로 풀이된다.

<표 1> 2009 개정 교육과정 독도 관련 내용(중학교)

구분	교수·학습 내용
중학교 교육과정 총론	※ 학교급별 편성 운영에서 발췌 범교과 학습 주제는 관련되는 교과와 창의적 체험활동 등 교육 활동 전반에 걸쳐 통합적으로 다루어지도록 하고 지역사회 및 가정과의 연계지도에 힘쓴다. 민주시민교육, 인성교육, 경제교육, 에너지교육, 보건교육, 성교육, 소비자교육, 독도교육 등
사회과 교육과정 지리영역	※ 영역 및 학습 내용 성취 기준에서 발췌 우리나라의 영토, 영해, 영공의 개념을 알고 이를 통해 우리나라의 영역을 설명할 수 있다. 영토나 영해를 둘러싼 국가 간 갈등사례를 조사하고 그 원인을 탐구할 수 있다. 독도의 중요성을 영역 경제 환경 생태적 측면에서 설명할 수 있다.
사회과 교육과정 일반사회 영역	※ 영역 및 학습 내용 성취 기준에서 발췌 우리나라가 직면하고 있는 국가 간 갈등문제(예: 독도 문제, 동북공정)를 국제관계 속에서 인식하고 이러한 문제의 해결에 능동적으로 참여하는 태도를 가진다.
사회과 교육과정 역사영역	※ 영역 및 학습 내용 성취 기준에서 발췌 <근대 이전> −신라의 건국과 발전 과정을 체제 정비 및 영토 확장과 연관 지어 파악한다. <근대 이후> −일제의 국권 침탈 과정에 맞선 국권수호 운동의 흐름을 설명하고 특히 일제에 의해 독도가 불법으로 편입되는 과정을 파악한다. −독도가 우리 영토인 근거를 정확하게 이해하고 주변 국가와의 역사 갈등을 올바르게 파악하여 갈등을 해결할 수 있는 실천적 방안을 찾아본다.

<표 2> 2009 개정 교육과정 독도 관련 내용(고등학교)

구분	교수·학습 내용
고등학교 교육과정 총론	※ 학교급별 편성 운영에서 발췌 범교과 학습 주제는 관련되는 교과와 창의적 체험활동 등 교육 활동 전반에 걸쳐 통합적으로 다루어지도록 하고 지역 사회 및 가정과의 연계지도에 힘쓴다. 민주시민교육, 인성교육, 경제교육, 에너지교육, 보건교육, 성교육, 소비자교육, 독도교육 등
2009 개정교육과정 한국사	※ 내용체계: 수립운동 영역에서 발췌 −문호 개방 및 개화사상과 위정척사사상 −근대적 개혁 추진 과정 −근대 국가 수립을 위한 노력 −국권 수호 운동의 전개와 사상적 배경 −개항 이후의 경제 변화와 사회 변화 −독노와 산노 ※ 영역 및 학습 내용 성취기준에서 발췌 −국제 질서의 변동과 근대 국가 수립 운동: 독도가 우리의 영토임을 역사적 연원과 내력을 통해 증명하고 일제에 의해 이루어진 독도 불법 편입 과정의 문제점과 간도 협약의 부당성에 대하여 파악한다. −대한민국의 발전과 현대 세계의 변화: 독도를 비롯한 동북아시아의 영토 문제, 역사 갈등, 과거사 문제 등을 탐구하여 올바른 역사관과 주권의식을 확립한다. ※ 교수·학습 방법에서 발췌 독도 문제, 역사 교과서 문제 등을 교과와 연계시켜 봄으로써 역사적 증거자료가 현재의 역사 문제 해결에 관련될 수 있음을 인식하도록 한다.

2) 2011 독도교육 초·중·고등학교 독도교육 내용체계

2011년 4월 초 교육과학기술부에서 발표한 독도교육 내용체계는 독도의 자연환경과 정치, 군사, 경제적 가치는 물론 독도가 우리 영토라는 정확한 역사적 근거 등을 학년별로 체계적으로 교육할 것을 제시하고 있다. 자세한 내용체계는 아래와 같다. 특히 이전 독도에 관한 학습 목표 및 내용과 비교하였을 때 학습 내용뿐만 아니라 내용요소까지 제시하여 구체적이고 체계적임을 알 수 있다. 또한 내용체계에서도 독도에 대한 역사적인 근거 자료 부분뿐만 아니라 일본이 주장하는 내용과 그에 대한 대응 등을 추가로 제시하여 감정적인 애국심 고취의 독도 수호 의식보다는 이성적이고 체계적인 독도 이해 교육 및 객관적인 독도영유권 인식에 대한 변화의 모습을 찾아볼 수 있다.

가) 중학교 독도교육 내용체계

(1) 독도교육의 목적
독도가 역사적, 지리적, 국제법적으로 우리 영토인 근거를 정확하고 체계적으로 이해함으로써, 우리 영토에 대한 올바른 수호 의지를 갖추고, 미래 지향적인 한일 관계에 적합한 민주시민 의식을 함양한다.

(2) 독도교육의 목표
독도에 대한 이해와 역사적 연원을 살펴봄으로써, 독도에 대한 관심과 애정을 갖고, 독도가 역사적, 지리적, 국제법적으로 우리 영토인 근거를 정확하고 체계적으로 이해한다.

(3) 중학교의 독도교육 목표
독도가 역사적, 지리적, 국제법적으로 우리 영토인 근거를 정확하고 체계적으로 이해하고 객관적, 논리적으로 설명할 수 있다.
① 독도의 역사와 관련된 지도 및 문헌에 대한 이해
② 독도에 대한 일본의 침탈 과정과 일본 주장의 허구성 파악
③ 독도 영유권에 대한 객관적이고 논리적인 주장 능력 신장
④ 우리 땅 독도 알리기 활동의 의미와 효과적인 참여 방안 탐색

(4) 내용체계

분류	학습 내용	내용 요소
독도 수호 자료	우리나라의 독도 관련 문헌	삼국사기(512)
		세종실록지리지(1454)
		신증동국여지승람(1531)
		조선전도(1846)
		해좌전도(19C 중)
		대한제국 칙령 제41호(1900)
		일본의 독도 침탈(1905)
		연합국총사령부 훈령(1946)
		이승만 라인(1952)
	일본의 독도 관련 문헌 (한국 영토 표기)	은주시청합기(1667)
		안용복조사보고서(1696)
		'울릉도 쟁계(죽도일건)' 관련 사료
		삼국접양도(1785)
		조선국교제시말내탐서(1870)
		조선동해안도(1876)
		태정관 문서(1877)
		일러전쟁 시기의 한국전도(1905)
	독도를 지킨 인물들	이사부
		안용복
		심흥택
		독도의용수비대
일본의 영유권 주장과 대응	일본의 영유권 주장 내용과 대응	시마네 현 고시 제40호(1905)
		'다케시마의 날' 지정(2005)
		일본 외무성 '죽도 홍보 팸플릿'에 대한 대응
실효적 지배	경찰청 독도경비대	경찰청 독도경비대의 파견 과정과 배경
	특정도서	특정도서(제1호) 지정
	독도를 지키기 위한 활동	정부와 지방자치단체의 활동
		시민운동의 내용과 참여 방안
영역	영토, 영해와 배타적 경제수역	영토
		영해
		배타적 경제수역(EEZ)
생활	독도와 한반도 관계	독도와 한반도 본토의 관계
		독도와 울릉도의 관계

(5) 고등학교의 독도교육 목표

독도 수호의 의지를 갖추고 미래 지향적인 한일 관계에 적합한 영토관과 역사관을 확립한다.

① 독도가 우리나라에서 갖는 역사·지리적 및 정치·군사적, 경제적 의미 파악

② 독도 수호 활동의 현황 파악과 적극적인 참여 방안 모색

③ 미래 지향적인 한일 협력 관계 구축을 위한 활동 방안 모색

(6) 내용 체계

분류	학습 내용	내용 요소
독도 수호 자료	우리나라의 독도 관련 문헌	신증동국여지승람(1531)
		정상기의 동국전도(18C)
		만기요람(1808)
		조선전도(1846)
		해좌전도(19C 중)
		이규원 검찰사 울릉도 개발 건의(1882)
		연합국총사령부 훈령(1946)
	일본의 독도 관련 문헌 (한국 영토 표기)	은주시청합기(1667)
		안용복조사보고서(1696)
		'울릉도 쟁계(죽도일건)' 관련 사료
		삼국접양도(1785)
		조선국제시말내탐서(1870)
		조선동해안도(1876)
		태정관 문서(1877)
		일러전쟁 시기의 한국전도(1905)
일본의 영유권 주장과 대응	일본의 영유권 주장 내용과 대응	일본 외무성 '죽도 홍보 팸플릿'에 대한 대응
실효적 지배	독도를 지키기 위한 활동	정부와 지방자치단체의 활동
		시민운동의 내용과 참여 방안
영역	영토, 영해와 배타적 경제수역	배타적 경제수역(EEZ)
생활	독도와 한반도 관계	독도와 한반도 본토의 관계
		독도와 일본의 관계

나) 독도교육 내용체계의 활용 방향

(1) 국가 수준 교육과정(총론 및 교과교육과정) 및 시·도교육청 교육과정 편성·운영 지침 개발 시 학교급별, 학년별 독도교육 내용의 성취기준과 목표를 제시할 때 독도교육 내용체계를 바탕으로 한다.

(2) 독도교육 내용체계를 토대로 하여 교육과정에 제시한 독도교육 내용을 학년별, 과목별 특성에 적합하게 내용요소를 선정하여 교과서를 구성한다. 다만, 독도교육 내용 체계표가 학습 내용요소의 제시이기 때문에 초·중·고에서 동일한 내용요소가 있더라도

학교급별 내용의 수준을 달리하고, 내용요소가 구체적으로 제시되어 있지 않더라도 전 학교급의 내용이 토대가 되어 상위 학교급 내용이 구성되어야 한다.

(3) 단위학교에서 정규수업 및 계기수업이나 창의적 체험활동 지도 시 독도교육 내용 체계를 바탕으로 지도계획을 수립한다.

(4) 독도교육 내용체계에 따라 다양한 교수·학습자료가 제작되고 보급되어야 한다.

① 각 학교급에 적합한 내용요소를 중심으로 하되 해당 과목의 특성에 맞는 내용을 선정하여 다양한 교수·학습 활동이 가능하도록 제작한다.

② 교수·학습자료는 독도 관련 단체 등에서 제공하는 다양한 자료를 바탕으로 제작 하되 학교급별 특성에 맞도록 수정·보완한다.

(5) 독도 관련 내용의 단순한 암기가 아니라 활동 중심의 교수·학습 방법을 활용함으로써, 학생들이 독도에 대한 애정과 수호 의지를 가질 수 있도록 지도한다.

(6) 독도교육 내용체계에서 제시한 독도교육 목표의 도달 여부를 평가할 수 있도록 한다. 단순하게 독도 관련 사실을 묻는 평가를 지양하고 독도 학습을 통해 습득하고자 하는 탐구력, 비판력 등의 고등사고력과 국토에 대한 애정과 수호 의지를 갖고 실천하도록 하는 태도를 평가할 수 있도록 평가문항을 제작한다.

다. 결론: 살아 숨 쉬는 독도교육을 꿈꾸며

1990년대에 들어오며 영토교육을 강화한 일본 정부는, 2008년 교과서에 독도는 일본의 고유 영토라는 내용을 기술하기 시작했다. 그리고 최근 2014년 1월 '학습지도요령 해설서'를 발표하고 일본의 모든 중·고교 교과서와 해설서에 독도는 일본 영토임을 서술할 예정이다. 일본의 독도 영유권 주장 노력은 교육과 더불어 외교, 홍보, 지방자치단체 등 다양한 분야에서 협력적이고 체계적으로 진행되었다. 이처럼 일본 정부는 학생들의 영토 교육을 강화하여 영유권 주장을 확고히 하고 앞으로도 영유권 주장을 포기할 의사가 없음을 보여주고 있다. 최근 '독도-일본해 병기'를 막기 위한 일본 정부의 강력한 외교활동과 홍보활동은 단기간 일시적인 노력으로는 대한민국이 대응할 수 없음을 보여준다.

이러한 때 우리의 독도교육은 어떤 모습일까? 아쉽게도 이제 시작이라고 할 수 있다. 그동안 독도교육은 창의적 체험활동 시간에서도 비중 있게 다뤄지지 않았으며, 사회교과 수업에서도 단순 지식 전수의 수업으로 진행되어왔다. 늦게나마 2011년 '초중고 독도교육 내용체계'를 발표하고 이를 토대로 초, 중, 고 연속성을 지니고 목표를 가지며 학습자 중심의 교육을 지향하고 있다. 그 결과 다양한 독도교육 부교재, 교수−학습자료집 제작과 더불어 동아리 활동 사례발표, 독도 교수·학습 발표 등을 통해 독도교육의 확산이 이뤄지고 있다. 하지만 그동안의 활동은 뭔가 아쉽고 갈 길이 멀어 보인다. 단순 암기식 독도교육이 아닌 활동 중심의 독도교육을 지향하고 학습자의 고등사고능력 배양을 통한 독도 수호 활동을 지향하나, 교수−학습 자료집의 대부분은 지식 전달형이며 고등사고력보다는 애국심을 전수하기 위한 목표와 활동으로 나타나 있다.

이제 독도교육의 새로운 시작을 고민해볼 때이다. 그간의 활동과 수업을 반성하며 검토하고 '독도교육 내용체계'의 목표인 학습자 중심의 활동과 고등사고력 증진, 시민 행동의 관점에서 수업을 바라봐야 할 때이다. 학생들이 교실에서 선생님과 호흡하며 독도가 역사적, 지리적, 국제법적으로 우리 영토인 근거를 정확하고 체계적으로 이해하고 객관적, 논리적으로 설명할 수 있도록 수업이 이뤄져야 할 것이다. 이와 더불어 선생님은 학생들이 21세기 미래 지향적인 한일 관계에 적합한 영토관과 역사관을 확립하고 행동할 수 있도록 도와야 할 것이다. 이러한 수업과 활동들이 학생들을 독도를 지키고 미래 지향적인 한일관계를 설계하는 시민으로 성장하게 할 것이다. 선생님은 지금 있는 다양한 학교급과 교실 상황의 전문가이다. 그 자체로 교육과정이라고 할 수 있다. 그러므로 다양한 교실 상황과 학습자 수준에서 활동 중심의 독도교육이 진행될 수 있을 것이다. 비록 우리 땅 독도가 거리상으로 멀리 떨어져 있지만, 살아 숨 쉬는 독도교육을 통해 대한민국 영토로서 가까이 있음을 느낄 수 있는 다채로운 수업을 기대해본다.

2. 중등교과에서의 독도교육의 실제

독도 모형 만들기를 통해 독도에 다가가기!

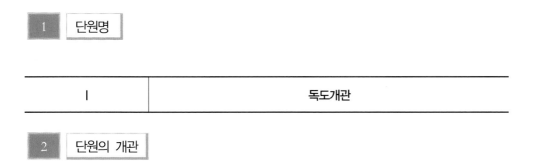

I	독도개관

2 단원의 개관

이 단원은 독도의 지리적 위치와 자연환경을 이해하는 단원으로, 독도와 한반도의 관계, 독도와 울릉도의 특수 관계를 이해하는 것을 일차적인 목적으로 삼는다. 또한 독도의 귀속에 대한 한국과 일본 사이의 갈등이 궁극적으로 영토와 영해, 배타적 경제수역과 같은 해양 주권의 문제와 직결되어 있음을 파악하도록 한다. 역사적으로 볼 때는 울릉도에서 독도를 육안으로 볼 수 있기 때문에 해양에 대한 영토지배가 확고하게 성립하기 이전에도 울릉도 주민들이 독도의 존재를 인식할 수 있었으며, 자연 지리적 조건으로 인해 울릉도와 독도가 특수한 관계를 자연스럽게 형성했다는 사실을 이해하는 것이 중요하다.

3 단원의 구성

소단원	주요 학습 내용	학습 활동	주제 분류
1. 독도의 위치와 영역	· 독도의 지리적 위치 · 독도의 크기 · 동도와 서도의 이해	한반도와 울릉도, 독도, 일본 본토와 오키 섬의 지리적 위치를 파악하고, 독도까지의 거리, 독도의 객관적 크기를 알아본다.	독도의 위치
2. 독도의 자연환경과 가치	· 독도의 기후와 계절 변화 · 독도의 지질학적 생성과정 · 독도에 살고 있는 동식물	독도의 계절별 기후변화를 알아보고 독도의 지질학적 생성과정과 해저지형, 울릉도, 독도, 오키 섬의 지질학적 관계, 독도에서 살고 있는 동식물에 대해 알아본다.	독도의 자연환경
3. 독도와 동해	· 우리나라의 영토, 영해, 영공 · 우리나라의 배타적 경제수역과 독도	국가의 영토, 영해, 영공의 개념을 알아보고, 독도의 영유권과 배타적 경제수역의 관계, 해양 영토 획정에서 독도가 갖는 의미를 이해한다.	우리나라의 영역과 해양 영토

4 수업 모형 선정 이유

협동학습은 학생들이 학습 집단에서 학습 활동을 하는 것으로 성적에 기초를 둔 보상과 인정을 받는 교실 상황에서 학습 방법과 능력이 각기 다른 학생들이 동일한 집단 목표를 향하여 소집단에서 함께 활동하는 수업 방법이다. 협동 학습은 '개인을 위한 전체', '전체를 위한 개인'이라는 태도를 갖게 되고, 팀 동료를 서로 격려하고 서로 도우며 서로의 성공을 돕고 학습이 부진한 동료를 위로해 주는 학습 체제라고 할 수 있다. 이를 통해 학습자 상호 간 친밀감 형성, 사회적 기능의 학습, 긍정적인 상호의존성을 높일 수 있다. 또한 동료들과 함께 독도 모형을 만들고 지리적 위치를 학습해 나가며 앞으로 진행할 독도 학습에 대한 흥미를 유도할 수 있다. 여기서는 독도 모형 만들기 및 조별 발표학습을 고등학교 2차시 수업 형태로 진행해보도록 하겠다.

5

학습단원의 개요

단원명	Ⅰ. 독도 개관 1. 독도의 위치와 영역	소요 차시	2~3차시
학습 목표	• 독도의 위치와 크기를 알고 발표할 수 있다. • 독도의 지형적 특징을 알고 모형으로 제작할 수 있다. • 동도와 서도의 차이를 설명할 수 있다.		
수업 형태	협동 학습, 모둠별 발표 학습, 멀티미디어 활용 학습		
준비물	학습지, 폼보드(우드락), 가위, 칼, 자, 물감(색연필 등)		
중점 사항	• 독도에 대한 위치와 크기에 대하여 학습지를 통한 전체 학습 후 모둠별 모형 만들기를 진행하도록 한다. 또는 교과서 및 학습지를 통해 안내하여 조별로 수행할 수 있도록 지도한다. • 모둠별 모형 만들기를 진행할 때 모둠별 역할 분담 및 논의를 할 수 있는 시간을 부여한다. • 2차시의 수업 시간 활용이 어렵거나, 중학교 저학년의 경우 '독도 모형' 관련 학습용 사이트에서 구매하여 간략한 과정으로 진행할 수 있다. • 중학교 저학년은 등고선 만들기와 연계한 만들기를 진행할 수 있고, 중학교 고학년 및 고등학교의 경우 동해 해저 지형, 울릉도 모형, 독도 모형 3개 분야로 나눠 모형을 만든 후 모둠별 발표 학습을 진행할 수 있다. • 모둠별로 모형을 만든 후 발표 학습을 통해 독도의 지리적 특징을 다시 학습할 수 있도록 한다.		

6

교수·학습과정안 (1차시)

단원명	Ⅰ. 독도 개관 1. 독도의 위치와 영역	활동 주제	독도 모형 만들기
학습 목표	• 독도의 위치와 크기를 알고 발표할 수 있다. • 독도의 지형적 특징을 알고 모형으로 제작할 수 있다. • 동도와 서도의 차이를 설명할 수 있다.		

◉ 도입: 10분

[동기 유발] 독도의 실시간 영상 시청 후 소감을 발표한다.

• http://office.kbs.co.kr/dokdo/ "독도 실시간 Live"에 접속하여 현재 독도의 모습을 함께 관찰하고 동해 바다 소리를 감상한다.

• 본인의 느낀 점을 발표한다. 독도에 다녀온 학생이 있을 경우 자신의 경험을 발표할 기회를 준다.

독도 라이브 영상 사진

[수업 목표 확인 및 학습 안내하기]

수업 목표

· 독도의 위치와 크기를 알고 발표할 수 있다.

· 독도의 지형적 특징을 알고 모형으로 제작할 수 있다.

· 동도와 서도의 차이를 설명할 수 있다.

학습 안내

· [활동 1] 독도의 위치와 크기 알아보기

· [활동 2] 조별 독도 모형 만들기: 독도 해저지형, 울릉도, 독도(동도, 서도)

◉ 전개(독도의 위치와 크기 알아보기): 10분

[활동 1] 독도의 위치와 크기에 대해 알아봅시다.

· 독도의 크기는 [   ]와 비슷하다.

· 독도의 지리적 위치를 조별로 찾아본다.

· 독도의 위치와 행정구역을 찾아본다.

학습자료: 독도의 위치와 크기

◉ 독도의 크기는 [   ]와 비슷하다. 그 이유는?

◉ 대한민국 독도의 동도와 서도의 경도를 써보자.

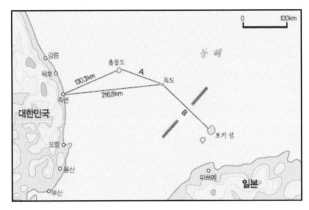

독도의 위치

　　　　　　　동도:　　　　　　　　　　　　서도:

◉ 지도상의 A, B의 거리를 측정해보자(교재 참고).

　　　　　　　울릉도와 독도와의 거리(A):
　　　　　　　오키 섬과 독도와의 거리(B):

◉ 독도의 행정구역은 (　　　　　　　　　　)이다.

◉ 전개(독도 모형 만들기): 25분

[활동 2] 독도 동해 해저 지형, 울릉도 모형, 독도 모형을 만들어봅시다.

−모형 만들기의 순서를 안내한다.

−모둠별로 역할과 과제를 분담한다.

−교재 및 다양한 자료 등을 통해 모형을 만들며 발표 자료를 만들어 본다.

☞ 중학교 저학년의 경우 등고선의 개념 이해, 등고선 만들기와 연계하여 학습을 진행
  할 수 있다.

☞ 고등학교의 경우 설계도 및 등고선을 직접 제작하게 하여 모둠 학습에서 학습자의
  참여도를 높일 수 있다.

☞ 독도 모형 만들기의 시간을 충분히 부여한다. 모형 과제의 난이도에 따라 1~2차
  시의 시간을 부여한다.

독도 등고선 자르기

독도 등고선판 테두리 그리기

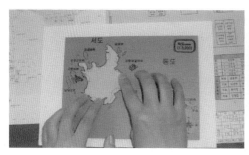

독도 등고선 붙이기

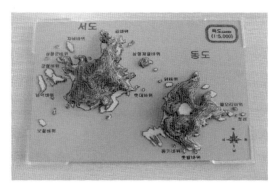 

색칠하기 및 주변 지형지물 표시하기

중학교 저학년 등고선 만들기

중학교 저학년용 독도 모형

◉ 정리 및 평가: 5분

독도 모형 만들기를 정리하고, 형성평가를 진행한다.

－조별로 작품을 감상하고 중간 평가를 진행한다.

－독도의 위치와 크기에 관하여 형성평가를 진행한다.

－차시 학습을 예고한다(조별 발표 학습).

7	교수·학습과정안 (2차시)

단원명	I. 독도 개관 1. 독도의 위치와 영역	활동 주제	독도 모형으로 발표하기
학습 목표	·독도의 위치와 크기를 알고 발표할 수 있다. ·독도의 지형적 특징을 알고 모형으로 제작할 수 있다. ·동도와 서도의 차이를 설명할 수 있다.		

◉ 도입: 5분

[동기 유발]

독도의 지형적 특징과 관련된 영상 클립을 시청한다.

−http://clipbank.ebs.co.kr/main "EBS 클립뱅크"에서 독도 영상을 제시한다.

−조별로 만든 독도 모형과 실제의 모습을 비교하며 생각한다.

[수업 목표 확인 및 학습 안내하기]

수업 목표

·독도의 위치와 크기를 알고 발표할 수 있다.

·독도의 지형적 특징을 알고 모형으로 제작할 수 있다.

·동도와 서도의 차이를 설명할 수 있다.

학습 안내

·[활동 1] 조별 독도 모형으로 발표하기: 독도 해저지형, 울릉도, 독도(동도, 서도)

·[활동 2] 작품 감상 및 조별 자기 평가

◉ 전개(독도 모형으로 발표하기): 30분

[활동 1] 조별로 독도 모형으로 독도에 대해 발표해 봅시다.

－조별로 작품과 함께 조사한 내용을 요약 발표한다.

－모둠별 발표 시 관련 내용을 같이 학습하며, 지리부도 등 부교재를 활용한다.

☞ 모둠별 발표 내용을 분류하여 제시할 수 있다.

－모둠별 발표(예시)

1모둠: 독도의 행정 구역, 지리적 위치(경도, 위도) 발표
2모둠: 울릉도, 오키 섬과 독도의 거리 비교(지도 활용)
3모둠: 동도의 특징 발표(우산봉 및 주변 바위 등)
4모둠: 서도의 특징 발표(대한봉 및 주변 바위 등)
5모둠: 독도의 해저지형 발표
6모둠: 울릉도의 특징 설명

◉ 전개(독도 모형 감상 및 평가): 10분

[활동 2] 독도 모형을 감상하고, 자기 평가 및 조별 평가를 진행한다.
−조별 작품을 감상하고 자기 평가를 진행한다.
−모둠 활동에 대한 조별 평가를 진행한다.
−전체 작품을 전시하고 스티커를 활용하여 우수 작품을 선정한다.

독도 모형 만들기 평가

20 년 월 일

조명		작성자	
목표			
모형 유형			
발표 내용			
자기 평가	☆☆☆☆☆(오늘의 평가:　　개)		
조별 평가	☆☆☆☆☆(오늘의 평가:　　개)		

◉ 정리 및 평가: 5분
형성평가를 진행하고 차시 학습을 예고한다.

−독도의 지리적 위치에 관하여 형성평가를 진행한다.

☞ 형성평가 자료는 "아름다운 독도"(천재교육), 동북아역사재단 독도 부교재, 비상교육 및 천재교육 독도교수학습자료실 등을 활용하여 제작할 수 있다.

형성평가 자료

◉ 독도 모형과 독도 지형도, 독도 사진으로 학습 정리하기

독도의 지형도

아래 독도 주변의 사진의 이름을 말해보고 지형도에서 위치를 찾아보세요.

(   )   (   )   (   )

−차시 학습을 예고한다(조별 발표 학습).

JIGSAW로 독도에 대해 알아가기!

1 　단원명

1	독도개관

2 　단원의 개관

　이 단원은 독도의 지리적 위치와 자연환경을 이해하는 단원으로, 독도와 한반도의 관계, 독도와 울릉도의 특수 관계를 이해하는 것을 일차적인 목적으로 삼는다. 또한 독도의 귀속에 대한 한국과 일본 사이의 갈등이 궁극적으로 영토와 영해, 배타적 경제수역과 같은 해양 주권의 문제와 직결되어 있음을 파악하도록 한다. 역사적으로 볼 때는 울릉도에서 독도를 육안으로 볼 수 있기 때문에 해양에 대한 영토지배가 확고하게 성립하기 이전에도 울릉도 주민들이 독도의 존재를 인식할 수 있었으며, 자연 지리적 조건으로 인해 울릉도와 독도가 특수한 관계를 자연스럽게 형성했다는 사실을 이해하는 것이 중요하다.

3 　단원의 구성

소단원	주요 학습 내용	학습 활동	주제 분류
1. 독도의 위치와 영역	• 독도의 지리적 위치 • 독도의 크기 • 동도와 서도의 이해	한반도와 울릉도, 독도, 일본 본토와 오키 섬의 지리적 위치를 파악하고, 독도까지의 거리, 독도의 객관적 크기를 알아본다.	독도의 위치
2. 독도의 자연환경과 가치	• 독도의 기후와 계절 변화 • 독도의 지질학적 생성과정 • 독도에 살고 있는 동식물	독도의 계절별 기후변화를 알아보고 독도의 지질학적 생성과정과 해저지형, 울릉도, 독도, 오키 섬의 지질학적 관계, 독도에서 살고 있는 동식물에 대해 알아본다.	독도의 자연환경
3. 독도와 동해	• 우리나라의 영토, 영해, 영공 • 우리나라의 배타적 경제수역과 독도	국가의 영토, 영해, 영공의 개념을 알아보고, 독도의 영유권과 배타적 경제수역의 관계, 해양 영토 획정에서 독도가 갖는 의미를 이해한다.	우리나라의 영역과 해양 영토

4 수업모형 선정 이유

독도의 자연환경 단원은 독도의 형성, 독도의 지형, 독도의 기후, 독도 생태계의 특징을 다루고 있다. PPT 및 교재를 활용하여 강의식 수업을 진행해도 좋지만, 학습자들의 참여를 높이고 자기주도적인 학습을 진행하는 점에서 jigsaw 수업모형이 적절해 보인다. 전문가 집단에서 학습자 개개인이 하나의 주제를 조사하고, 같은 내용을 조사한 동료들과 모여 정리 및 질문을 하면서 주제에 대해 전문가가 되어가는 과정을 경험할 수 있다. 또한 모집단에서 본인이 조사한 내용을 공유해 나가며 독도의 자연환경 전반에 대한 내용을 학습할 수 있다. 학습한 내용을 TGT(Teams Games Tournaments)을 활용하여 정리할 수 있고, 집단 성취감의 제공 및 보상을 제공할 수 있다. 여기서는 jigsaw, TGT 모형을 활용하여 2차시의 수업을 진행해보도록 한다.

5 학습단원의 개요

단원명	Ⅰ. 독도 개관 2. 독도의 자연환경과 가치	소요 차시	2차시
학습 목표	・독도의 형성 및 지형 형성을 설명할 수 있다. ・독도의 기후를 설명할 수 있다. ・독도의 생태계에 대하여 설명할 수 있다.		
수업 형태	jigsaw, TGT		
준비물	전문가 학습지, 모둠 학습지, 학습 문제		
중점 사항	・모둠을 사전에 구성하여 모둠 학습이 원활하게 이뤄지게 한다. ・모둠 학습에 대해 안내하여 원활한 학습이 이뤄질 수 있도록 한다. ・4~5개의 주제를 선정하여 학습자에게 안내하고, 학습자가 희망하는 주제로 학습할 기회를 제공한다. ・집단보상 TGT를 제시하여 전문가 학습 및 모집단의 협동학습이 충실히 진행될 수 있도록 안내한다. ・학습의 정리 단계에서 모둠 학습 간 오개념에 대한 재정리 및 보충 학습을 진행한다.		

단원명	I. 독도 개관 2. 독도의 자연환경과 가치	활동 주제	독도의 자연환경
학습 목표	·독도의 형성 과정을 설명할 수 있다. ·독도의 지형에 대해 설명할 수 있다. ·독도의 기후를 설명할 수 있다. ·독도의 생태계에 대하여 설명할 수 있다.		

◉ 도입: 5분

[동기 유발 및 전시학습 확인]

전시학습을 확인하고 영상 혹은 사진을 보며 느낌을 발표한다.

· KBS "공부하는 인간" 이스라엘의 공부방법의 영상을 제공한다.

· 유대인의 "하브루타 교육법" 사진을 보여준다.

· 두 국가의 차이점을 발표하게 하고, 협동학습의 동기를 부여하도록 한다.

[수업 목표 확인 및 학습 안내하기]

수업 목표

·독도의 형성 과정을 설명할 수 있다.

·독도의 지형에 대해 설명할 수 있다.

·독도의 기후를 설명할 수 있다.

·독도의 생태계에 대하여 설명할 수 있다.

학습 주제 안내

·[활동 1] 독도의 형성 과정 알아보기

·[활동 2] 독도의 지형에 대해 알아보기

·[활동 3] 독도의 기후에 대해 알아보기

·[활동 4] 독도의 식물에 대해 알아보기

·[활동 5] 독도의 동물에 대해 알아보기

jigsaw 수업 활동 시간 안내

·모집단 활동: 모둠 목표 선정 및 희망 주제의 선택

· 전문가 활동: 5가지 주제 중 1개의 주제를 선정하여 전문가 학습 진행

· 모집단 활동: 개인별 학습한 내용을 공유하는 시간을 가진다.

· 정리 및 차시 학습 예고: TGT 수업에 대한 안내

[모집단 활동]

· 모둠의 목표를 정하고 희망 주제를 선정한다.

· 개인의 역할과 학습과제를 점검한다.

· 모둠장 및 개인의 역할에 대한 충분한 이해가 필요하다.

· 전문가 학습 모둠으로 이동하고 학습을 준비한다.

◉ 전개(전문가 학습 활동): 15분

전문가 학습 활동 학습지를 배부하여 활동이 이뤄질 수 있도록 한다.

－독도 교재 및 부교재, 지도 등을 활용할 수 있도록 안내한다.

－교사는 모둠을 전체적으로 돌아다니며 전문가 활동이 원활하게 진행되지 않거나 질문이 있는 모둠을 안내하도록 한다.

☞ 중·고등학교 수준에 맞는 학습지를 구성하도록 한다.

전문가 활동 학습지의 내용 요소(예시)

[활동 1] 독도의 형성 과정 알아보기
☞ 독도의 화산 활동 시기, 독도와 제주도, 울릉도의 공통점 및 형성 시기
　 해저 화산이란?, 파랑과 해저 침식이란? 등

[활동 2] 독도의 지형에 대해 알아보기
☞ 독도의 해저 침식의 증거들, 독도의 해저 지형 알아보기
　 독도의 암석의 특징은?, 독도 풍화작용의 모습은?, 오키 섬과 독도의 암질은? 등

[활동 3] 독도의 기후에 대해 알아보기
☞ 연평균 강수량, 독도의 해양성 기후의 특징
　 독도의 기온 및 풍속, 독도의 해류 및 온도, 동한 난류, 북한 한류 등

전문가 활동 학습지의 내용 요소(예시)

[활동 4] 독도의 식물에 대해 알아보기
☞ 독도의 천연기념물, 독도의 식물
　　자연환경과 식물 생장의 관계, 독도엔 나무가 왜 적을까? 등

[활동 5] 독도의 동물에 대해 알아보기
☞ 독도의 어류, 독도의 조류, 독도의 미생물, 독도의 곤충
　　강치의 비밀, 천연기념물 조사 등

전문가 학습 활동

전문가 활동 학습지 3(예시)

3. 독도의 기후에 대해 알아보기
○학년 ○반 ○○○

1. 울릉도와 독도의 기후

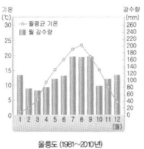

울릉도 (1981~2010년)   독도 (2004~2010년)

1) 울릉도와 독도의 1월 평균 기온이 영상인 이유는?
2) 울릉도와 독도의 월별 강수량을 우리 고장과 비교하면?
3) 이러한 기후의 특성을 무엇이라고 하는가? 이 기후의 다른 특징은?
4) 독도의 풍속에 대해 알아보자.

2. 독도의 한류와 난류 알아보기

우리나라 주변의 해류

한류인 리만 해류와 난류인 쿠로시오 해류는 독도 인근의 동해에서 만난다.

독도 주변 해역은 북쪽에서 내려오는 북한 한류와 남쪽에서 올라오는 동한 난류 계통의 해류들이 만나는 곳이다.

한류와 난류가 만나는 구역을 조경 수역이라 하는데, 이곳은 물고기들의 주요 먹이인 플랑크톤이 풍부하여 한류성 어족과 난류성 어족이 모이게 되므로 황금 어장을 형성한다.

해저 암초 주변에는 다시마, 전복, 소라, 미역 등이 채취되고 있다.

1) 한류는 파란색으로 난류는 붉은색으로 표시해보자.
2) 독도의 여름철, 겨울철 해류의 변화에 대해 알아보자.
3) 여름철 독도의 어족과 겨울철 어족을 알아보자.

◉ 전개(모집단 활동): 20분

모집단 활동을 진행한다.

−집단 보상을 예고하여 모집단 활동이 원활히 이뤄질 수 있도록 지도한다.

−1~5 주제의 학습을 충실히 진행하며 다음 TGT 학습을 대비한다.

−교사는 모둠을 전체적으로 돌아다니며 전문가 활동이 원활하게 진행되지 않거나 질
문이 있는 모둠을 안내하도록 한다.

−교사는 순회하며 칭찬 및 격려하여 원활한 모집단 활동이 될 수 있도록 지도한다.

모집단 활동

◉ 정리: 5분

전체 모둠 학습지를 정리하고, 차시 학습을 예고한다.

−조별로 모둠 학습지를 정리한다.

−모둠 학습 간 오개념에 대해 재설명을 진행한다.

−차시 학습을 예고한다(TGT 학습).

교수·학습과정안 (2차시)

단원명	Ⅰ. 독도 개관 2. 독도 자연환경과 가치	활동 주제	독도의 자연환경
학습 목표	·독도의 형성 과정을 설명할 수 있다. ·독도의 지형에 대해 설명할 수 있다. ·독도의 기후를 설명할 수 있다. ·독도의 생태계에 대하여 설명할 수 있다.		

◉ 도입: 5분

[전시학습 확인 및 수업 안내]

수업 목표

·독도의 형성 과정을 설명할 수 있다.

·독도의 지형에 대해 설명할 수 있다.

·독도의 기후를 설명할 수 있다.

·독도의 생태계에 대하여 설명할 수 있다.

TGT 수업에 대한 안내를 진행한다.

☞ TGT 수업은 모둠에서 성적을 고려한 순번을 작성하여 비슷한 수준의 학생들이 나와 경쟁을 하고 점수를 획득하여 총점수로 집단에 보상하는 방식의 게임이다. 학습자가 많은 교실을 고려하여 TGT 게임을 응용하여 모둠별 스피드게임을 진행하였다.

·각 모둠에서 토너먼트에 나올 순번을 작성하게 한다.

·모둠별 스피드퀴즈를 진행할 때 경청점수가 있음을 주지한다.

·모둠별 스피드퀴즈에 대해 안내한다(모든 문제 맞추기 / 3분 이내 많이 맞추기).

◉ 전개(조별 회의 및 학습 내용 정리): 10분

−모둠별 스피드 퀴즈에 대해서 전략을 논의하고 독도의 자연환경에 대한 학습을 정리하도록 한다.

−교사는 TGT 게임을 진행할 준비를 하도록 한다.

−TGT 게임에 대한 규칙을 강조하여 안내한다.

모둠별 전략회의 활동

모둠별 학습 내용 정리하기

◉ 전개(게임 진행): 25분

TGT 게임을 진행한다.

－상대편 모둠장들을 게임 도우미로 임명하여 진행할 수 있다.

－게임을 진행할 때 모든 학생이 경청하여 같이 학습을 진행할 수 있도록 한다(경청 점수의 부여).

－점수를 정확히 입력하여 실시간으로 점수를 제공하여 협동의식 및 경쟁을 높일 수 있다.

☞ 팀별 스피드게임뿐만 아니라 다양한 방식에서 진행할 수 있다. 개인들이 나와서 진행하는 방식, 골든벨 형식의 방식 등을 응용하여 진행할 수 있다. 다만 개인의 점수를 합산하여 집단으로 보상하면 높은 교육적 효과를 기대할 수 있다.

☞ 학습자가 많은 교실에서는 많은 문제가 필요하다. 사전에 모둠별로 학습자 수준을 달리하여 문제은행식으로 문제를 구성한다.

☞ 게임 방식이므로 고차사고력의 질문보다는 지식 및 이해 단계의 질문으로 출제하는 것이 단점이다. 다만 흥미를 가지고 학습 내용을 점검할 수 있고 정리 및 평가 단계에서 모둠 학습을 반성적으로 검토하는 단계를 설정하면 고차사고력도 배양할 수 있다.

모둠별 TGT 게임

◉ 정리 및 평가: 10분

TGT 게임을 마무리하고 집단보상을 진행한다.

TGT 게임 후 자기 및 조별 평가를 진행한다.

-각 조에 대해 칭찬을 진행하고 모둠 학습에 대한 자기 평가 및 모둠 평가를 진행하여 반성적 사고 및 성찰할 기회를 부여한다.

☞ 수업 중간중간 스마트폰을 활용하여 모둠 학습을 진행하는 모습, TGT 게임의 참여 모습, 경청하는 모습 등을 관찰하여 정리 및 평가 시간에 전체 학생이 보는 방식도 적절하다.

☞ 태도가 좋지 않았던 학생이 아닌 열심히 참여하는 학생들의 모습을 사진이나 영상으로 보여주도록 한다. 이를 지켜보며 본인의 태도에 대해 점검할 수 있고 의사소통, 배려, 경청 등의 태도에 대하여 생각해볼 수 있다.

-차시 학습에 대해 안내한다.

독도의 자연환경 JIGSAW 학습 평가하기

20 년 월 일

조명		작성자	
목표			
나의 역할			
자기 평가	☆☆☆☆☆(오늘의 평가: 개)		
조별 평가	☆☆☆☆☆(오늘의 평가: 개) ☞ 우리 집단은 모두가 필요할 때 어느 정도 참여를 했는가? ☞ 모둠원들은 전문가 활동에서 발견한 것을 어떤 식으로 공유하였는가? ☞ 집단은 어떤 방식으로 과제에 전념했는가? ☞ 모둠원들이 과제에 전념하게 된 이유는 무엇인가? ☞ 성공적인 모둠 활동에 기여한 행동은 무엇이었는가? ☞ 성공을 제한하게 한 문제 행동은 무엇인가? ☞ 모둠에서 가장 헌신한 사람은 누구인가? 이유는?		

NIE수업으로 독도와 만나기!

1 단원명

II	전근대기의 독도

2 단원의 개관

이 단원에서는 우리 전근대기 역사 속의 울릉도와 독도를 살펴본다. 울릉도에 근거를 둔 우산국이 이사부 장군의 활동으로 신라에 복속된 이래 고려 왕조와 조선 왕조에 의해 이루어진 울릉도와 독도에 대한 정책과 통치 활동을 알아본다. 조선 후기에는 안용복의 활동을 계기로 울릉도와 독도를 차지하려는 일본 쓰시마의 책략이 실패로 돌아가고, 일본의 에도막부는 두 섬이 조선 영토라는 것을 공식적으로 인정하였다. 조선 정부는 울릉도로 백성이 도항하거나 거주하는 것을 금지하는 쇄환정책을 유지하면서 정기적으로 관리를 파견하여 수토를 실시하였다. 이러한 역사적 사실을 반영하여 한국과 일본의 고지도에는 울릉도와 독도가 모두 조선의 영토로 표기되어 있다. 개항 이후 조선 정부는 울릉도에 대한 일본인의 불법 도해가 계속되자 적극적인 울릉도 개척 정책을 펼치면서 울릉도와 독도에 대한 통치제도를 정비하였고, 그 연장선에서 1900년 대한제국 칙령 제41호가 공포되었다. 오랜 역사의 흐름 속에서 독도는 다양한 이름으로 불렸는데, 각각의 이름이 갖는 의미와 그 역사적 배경에 대해서도 살펴본다.

소단원	주요 학습 내용	학습 활동	주제 분류
1. 사료에 나타난 독도	· 신라의 우산국 복속 · 고려의 울릉도, 독도 통치 · 조선의 울릉도, 독도 통치와 쇄환정책 · 조선의 수토정책	고대부터 고려 시대, 조선 시대를 거치는 동안 각 왕조의 울릉도와 독도에 대한 통치 정책 등을 고문헌을 통해 알 수 있다.	독도의 역사
2. 안용복 사건과 일본의 도해금지령	· 안용복 사건 · 안용복 사건을 계기로 일어난 울릉도 쟁계 · 에도막부의 도해금지령 · 일본의 독도 명칭 혼란	안용복 사건을 계기로 일어난 조선과 일본 사이의 울릉도 영유권 논쟁을 파악하고, 에도막부의 도해금지령으로 울릉도와 독도에 대한 조선의 영유권이 확인되었음을 살펴본다. 그 이후 일본은 두 섬의 이름조차 혼동할 정도로 울릉도와 독도에 대한 지식이 희미해졌다.	17세기 울릉도 영유권 논쟁
3. 지도 속의 독도	· 한국 고지도에 표기된 울릉도와 독도 · 고지도의 울릉도, 독도 표기의 변화 · 일본 고지도의 독도 표기	한국과 일본 고지도에 표기된 울릉도와 독도를 살펴보고, 그 변화를 통해 울릉도와 독도에 대한 인식 변화를 추론해본다.	독도에 대한 인식

4 수업 모형 선정 이유

신문 활용 교육(NIE: Newspaper In Education)은 수업에 신문을 교수 매체로 활용하여 교육적 효과를 기대하는 학습 방법이다. 신문은 사회에서 일어나는 다양한 삶의 모습과 정보를 풍부하게 제공하는 자료로서, 그 내용이 구체적이고 실제적이라 학생들의 흥미를 유발하고 실제 생활과 관련된 문제해결력과 사고력을 자극하는 장점이 있다. 특히 사회 현상을 탐구하고 분석함으로써 건전한 시민의 자질을 함양하고자 하는 사회과 수업에서는 신문 활용을 통해 일상생활의 구체적 이슈들을 교실 수업에 접목할 수 있다는 점에서 의의가 있다. 하지만 신문 자료는 공정성과 중립성의 측면에서 논란의 여지가 있고, 학습 내용과 적절하게 관련되는 신문 자료를 찾기가 쉽지 않다는 점, 신문 자료의 내용이 학생들의 이해 수준과 거리가 있을 수 있다는 점에서 자료의 선정과 수업 전개에 신중한 고려가 필요하다. 신문 활용 수업은 독자적인 수업 모형이 아니므로 특정의 방법이나 절차가 있는 것이 아니라 수업의 목적과 전략에 맞게 신문 자료의 특성을 효과적으로 활용하면 된다.

이 단원은 전근대 시기의 독도를 알아보는 단원이다. 고문서, 역사서 속의 독도는 지금으로 보면 신문, 방송에 나오는 독도일 것이다. 독도의 과거 기록을 뉴스 기사에서 살펴보고 또한 교재와 역사 기록의 독도를 알아보며 자연스럽게 독도가 대한민국 영토임을 알 수 있을 것이다. 더 나아가 신문을 만드는 과정에서 신문을 비판적으로 이해하고, 역사 속 인물을 만나며 조금 더 친근하게 독도의 역사를 종합적으로 이해할 수 있을 것이다.

5 학습단원의 개요

단원명	Ⅱ. 전근대기의 독도 1. 사료에 나타난 독도	소요 차시	1~2차시
학습 목표	·우리나라의 사료에서 독도의 기술을 찾을 수 있다. ·신문을 읽으며 논리적인 근거를 가지고 독도의 영유권을 주장할 수 있다. ·일본 정부, 일본 신문의 잘못된 근거를 논리적으로 비판할 수 있다. ·신문스크랩을 통해 신문읽기를 생활화하고 비판적으로 이해할 수 있다.		
수업 형태	NIE 학습, 협동 학습, 멀티미디어 활용 학습		
준비물	학습지, 가위, 칼, 자, 풀, 컴퓨터		
중점 사항	·학습자의 수준이 낮거나 수업 시간이 부족한 경우 신문기사를 선생님이 준비하여 모둠별로 제시하는 것이 타당하다. ·신문기사를 선택하는 경우 학습자의 수준을 고려하여 제공한다. ·수업 시간이 적절히 확보되는 경우 사전에 독도 영유권의 근거를 지닌 신문기사를 찾아오게 하여 모둠 학습 및 발표를 진행할 수 있다. ·모둠별 모형 만들기를 진행할 때 모둠별 역할 분담 및 논의를 할 수 있는 시간을 부여한다. ·1차시 수업 후 과제를 부여하여 독도 관련 기사를 찾아 신문스크랩을 하고 논리적인 근거를 찾고 교재를 활용하여 그 근거를 보강하는 수업을 진행할 수 있다. ·NIE수업을 활용하여 수행평가, 토론수업, 독도영유권 사설 쓰기, 수필, 시, 기사 작성, 시사만화, 신문 광고, 뉴스, 인터뷰 기사 작성 등 다양한 방면으로 활용할 수 있다.		

6 교수 · 학습과정안 (1차시)

단원명	Ⅱ. 전근대기의 독도 1. 사료에 나타난 독도	활동 주제	NIE 학습
학습 목표	·우리나라 사료에서 독도의 기술을 찾을 수 있다. ·신문을 읽으며 논리적인 근거를 가지고 독도의 영유권을 주장할 수 있다. ·일본 정부 및 일본 신문의 잘못된 근거를 논리적으로 비판할 수 있다. ·신문스크랩을 통해 신문읽기를 생활화하고 비판적으로 이해할 수 있다.		

◉ 도입: 5분

[동기 유발]

독도에 관한 일본의 신문기사를 검색한다.

· www.google.com/chrome 구글 크롬에 접속하여 일본의 신문(요미우리, 산케이 등)을
  검색해본다.

· 일본이 영유권을 가지고 있다는 기사 혹은 신문 사설을 같이 제시할 수 있다.

· 고등학교 일본어 선택 반인 경우 일본어 원문을 제공할 수 있다.

· 크롬의 번역기능을 활용하여 독도 신문 기사 및 사설을 제시한다.

· 본인의 느낀 점을 발표한다.

구글 크롬 산케이신문 접속(竹島로 검색)

뉴스 검색   ×

ei.jp.msn.com/search/article?searchstring=竹島&page=2&v=011615

에서 [한국어 ▼] 로 번역되었습니다. [원본 보기]

나케시마 충장상

한국의 독선적 주장을 반박하라 '다케시마'가 일본 영토라는 증거를 모아 계속
시마네 현의 "노력"... "독도 문제 100 문 100 답"에서 계몽 도모 현지의 "고
집"

2014.01.08 07:00   라이프 - MSN 산케이 뉴스   🐦 519   📘 735

일본 고유의 영토이면서, 한국의 불법 점거가 계속 다케시마 (시마네
현 오키 노시 마쵸). 재작년 8 월 이명박 대통령 (당시)의 불법 상륙과 현
재의 박근혜 (박근혜) 대통령의 대일 비난 등에서 주목되는 가운데, 동현
이 한국 측의 주요 ...

한국의 독선적 주장을 반박하라 '다케시마'가 일본 영토라는 증거를 모아 계속
시마네 현의 "노력"... "독도 문제 100 문 100 답"에서 계몽 도모 현지의 "고
집"

2014.01.08 07:00   라이프 - MSN 산케이 뉴스   🐦 0   📘 735

다케시마 어업의 공적 끄는구나 시마네 현은 지난해 8 월말로 만료를 맞
이한 다케시마 주변의 어업권에 대해 9 월 이후 10 년간 지금까지와 동일
한 내용으로 업데이트를 인정했다. 오키 어업 협동 조합 연합회에 교부 된
어장은 다케시마 의 해안에서 5 ...

한국의 독선적 주장을 반박하라 '다케시마'가 일본 영토라는 증거를 모아 계속
시마네 현의 "노력"... "독도 문제 100 문 100 답"에서 계몽 도모 현지의 "고
집"

2014.01.08 07:00   라이프 - MSN 산케이 뉴스   🐦 0   📘 735

지난해 10 월 다케시마 문제 연구회 회의에서 야마자키 요시코 위원은
"돌다리는 다케시마 어업의 선구자. 강치 잡이 경험이 풍부했기 때문에
이익을 내고 있었다고 보인다 "고 보도했다. 돌다리도 이렇게 평가 함과
동시에, 메이지 시대의 독도 어업 실태 ...

한국어 번역기능을 활용 검색

[수업 목표 확인 및 학습 안내하기]

수업 목표

· 우리나라의 사료에서 독도의 기술을 찾을 수 있다.

· 신문을 읽으며 논리적인 근거를 가지고 독도의 영유권을 주장할 수 있다.

· 일본 정부 및 일본 신문의 잘못된 근거를 논리적으로 비판할 수 있다.

· 신문스크랩을 통해 신문읽기를 생활화하고 비판적으로 이해할 수 있다.

학습 안내

· [활동 1] 신문 속에서 독도 영유권의 근거 찾기

・[활동 2] 신문스크랩을 통해 일본의 잘못된 근거 찾기

◉ 전개(독도의 위치와 크기 알아보기): 20분

[활동 1] 신문 속에서 독도 영유권의 근거를 찾아보도록 한다.

−신문 기사 안에서 독도 영유권의 역사적 근거를 찾아볼 수 있다.

−기사의 근거를 보강하여 역사 문서에서의 근거를 찾아 제시한다.

☞ 신문 기사를 학습지의 형태로 제공하거나, 사전에 안내하여 학생들에게 신문 기사를 찾아오게 하는 방법이 있다. 학습자의 수준 및 수업 시간을 고려하여 선택할 수 있다.

☞ 선생님이 직접 신문 기사를 선택하여 제공하는 경우 학습지를 준비하는 시간이 오래 걸릴 수 있다. 이 경우 NIE 관련 사이트를 활용하여 적절한 신문기사와 학습지를 선택할 수 있다. 학습지와 신문기사를 학교급별로 응용하여 제시하면 적절하다.

☞ '한국언론진흥재단'(http://www.forme.or.kr/nieweb/) 또는 '한국신문협회 NIE' (http://www.pressnie.or.kr/)에서 관련 자료를 내려 받을 수 있다.

☞ 신문별로 관점을 비교하고 싶은 경우 각 신문사의 NIE 자료실 및 신문 기사를 검색하여 제공할 수 있다.

한국언론진흥재단 NIE 교수학습자료실

학습지 신문 기사

NIE 학습 진행

활동 1. 신문 속에서 독도영유권의 근거 찾기(예시)

모둠명: 학번: 이름:

1. <읽기 자료 1>을 읽고 일본의 영유권 분쟁 지역을 찾아보자.

----

2. <읽기자료>에서 관련된 개념을 찾아보자.
① 시마네 현:
② EEZ:
③ 중간수역:
④ 영해, 영공:
⑤ 평화선:

3. <읽기자료 2>에 나타난 일본 측의 주장을 적어보자(역사적 근거).

----

4. 이에 대하여 반박할 수 있는 역사적 근거를 <읽기자료 2, 3>과 교재를 활용하여 제
   시해보자.

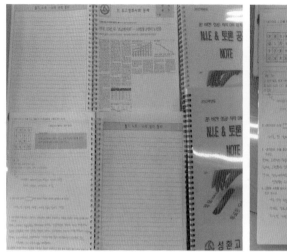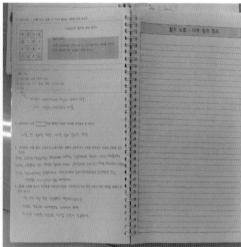

NIE 학습 학습지 작성

◉ 전개(독도 기사 스크랩 및 비판적으로 기사 읽기): 20분

－스크랩 활동을 하고 신문 기사를 비판적으로 읽으며 독도 영유권에 관한 근거를 찾
  을 수 있다.

－기사의 근거를 보강하여 역사 문서에서의 근거를 찾아 제시한다.

☞ 신문 기사를 학습지의 형태로 제공하거나, 사전에 안내하여 학생들에게 신문 기사를
  찾아오게 하는 방법이 있다. 학습자의 수준 및 수업 시간을 고려하여 선택할 수 있다.

☞ 수업 시간이 부족한 경우 수행평가로 제시하여 직접 신문기사를 찾고 비판적으로
  읽으며 근거를 찾는 방법으로 진행할 수 있다.

☞ 기사를 분석하며 읽는 기회를 제공하며, 기사를 분석한 후 동료 모둠원과 같이 비
  교하며 읽기를 통해 사고를 확장할 수 있도록 한다.

독도 관련 기사 스크랩 및 분석하기 1

	반	번
	월	일
	이름 :	

1. 신문스크랩

2. 기사 내용 요약하기

----

3. 시사점은? 본인의 생각은? 문제에 대한 해결책은?

----

4. 어려운 단어 해석하기

독도 관련 기사 스크랩 및 분석하기 2

신문기사 스크랩 및 분석 활동

신문기사 스크랩 노트 완성 모습

◉ 정리 및 평가: 5분

형성평가를 진행하고 차시 학습을 예고한다.

－독도의 역사적 근거에 관하여 형성평가를 진행한다.

☞ 형성평가 자료는 "아름다운 독도"(천재교육), 동북아역사재단 독도 부교재, 비상교육 및 천재교육 독도교수학습자료실 등을 활용하여 제작할 수 있다.

－차시 학습: 독도 신문 만들기에 대하여 사전 준비 및 과제를 안내한다.

☞ 사설 쓰기, 가상 인터뷰 기사, 취재 기사, 시사만화, 영문 기사, 광고 등 5～6개 분야를 제시하여 학생들에게 안내한다. 학생들은 희망 분야에 대한 자료를 수집하고 관련 신문 내용을 사전에 분석하도록 한다.

신문 제작으로 독도와 대화 나누기!

1	단원명

II	전근대기의 독도

2	단원의 개관

　이 단원에서는 우리 전근대기 역사 속의 울릉도와 독도를 살펴본다. 울릉도에 근거를 둔 우산국이 이사부 장군의 활동으로 신라에 복속된 이래 고려 왕조와 조선 왕조에 의해 이루어진 울릉도와 독도에 대한 정책과 통치 활동을 알아본다. 조선 후기에는 안용복의 활동을 계기로 울릉도와 독도를 차지하려는 일본 쓰시마의 책략이 실패로 돌아가고, 일본의 에도막부는 두 섬이 조선 영토라는 것을 공식적으로 인정하였다. 조선 정부는 울릉도로 백성이 도항하거나 거주하는 것을 금지하는 쇄환정책을 유지하면서 정기적으로 관리를 파견하여 수토를 실시하였다. 이러한 역사적 사실을 반영하여 한국과 일본의 고지도에는 울릉도와 독도가 모두 조선의 영토로 표기되어 있다. 개항 이후 조선 정부는 울릉도에 대한 일본인의 불법 도해가 계속되자 적극적인 울릉도 개척 정책을 펼치면서 울릉도와 독도에 대한 통치제도를 정비하였고, 그 연장선에서 1900년 대한제국 칙령 제41호가 공포되었다. 오랜 역사의 흐름 속에서 독도는 다양한 이름으로 불렸는데, 각각의 이름이 갖는 의미와 그 역사적 배경에 대해서도 살펴본다.

소단원	주요 학습 내용	학습 활동	주제 분류
1. 사료에 나타난 독도	· 신라의 우산국 복속 · 고려의 울릉도 · 독도 통치 · 조선의 울릉도 · 독도 통치와 쇄환정책 · 조선의 수토정책	고대부터 고려 시대, 조선 시대를 거치는 동안 각 왕조의 울릉도와 독도에 대한 통치 정책 등을 고문헌을 통해 알 수 있다.	독도의 역사
2. 안용복 사건과 일본의 도해금지령	· 안용복 사건 · 안용복 사건을 계기로 일어난 울릉도 쟁계 · 에도막부의 도해금지령 · 일본의 독도 명칭 혼란	안용복 사건을 계기로 일어난 조선과 일본 사이의 울릉도 영유권 논쟁을 파악하고, 에도막부의 도해금지령으로 울릉도와 독도에 대한 조선의 영유권이 확인되었음을 살펴본다. 그 이후 일본은 두 섬의 이름조차 혼동할 정도로 울릉도와 독도에 대한 지식이 희미해졌다.	17세기 울릉도 영유권 논쟁
3. 지도 속의 독도	· 한국 고지도에 표기된 울릉도와 독도 · 고지도의 울릉도 · 독도 표기의 변화 · 일본 고지도의 독도 표기	한국과 일본 고지도에 표기된 울릉도와 독도를 살펴보고, 그 변화를 통해 울릉도와 독도에 대한 인식 변화를 추론해본다.	독도에 대한 인식

4   수업 모형 선정 이유

신문 활용 교육(NIE: Newspaper In Education)은 수업에 신문을 교수 매체로 활용하여 교육적 효과를 기대하는 학습 방법이다. 신문은 사회에서 일어나는 다양한 삶의 모습과 정보를 풍부하게 제공하는 자료로서, 그 내용이 구체적이고 실제적이라 학생들의 흥미를 유발하고 실제 생활과 관련된 문제해결력과 사고력을 자극하는 장점이 있다. 특히 사회 현상을 탐구하고 분석함으로써 건전한 시민의 자질을 함양하고자 하는 사회과 수업에서는 신문 활용을 통해 일상생활의 구체적 이슈들을 교실 수업에 접목할 수 있다는 점에서 의의가 있다. 하지만 신문 자료는 공정성과 중립성의 측면에서 논란의 여지가 있고, 학습 내용과 적절하게 관련되는 신문 자료를 찾기가 쉽지 않다는 점, 신문 자료의 내용이 학생들의 이해 수준과 거리가 있을 수 있다는 점에서 자료의 선정과 수업 전개에 신중한 고려가 필요하다. 신문 활용 수업은 독자적인 수업 모형이 아니므로 특정의 방법이나 절차가 있는 것이 아니라 수업의 목적과 전략에 맞게 신문 자료의 특성을 효과적으로 활용하면 된다.

이 단원은 전근대 시기의 독도를 알아보는 단원이다. 고문서, 역사서 속의 독도는 지금으로 보면 신문, 방송에 나오는 독도일 것이다. 독도의 과거 기록을 뉴스 기사에서 살펴보고 또한 교재와 역사 기록의 독도를 알아보며 자연스럽게 독도가 대한민국 영토임을 알 수 있을 것이다. 더 나아가 신문을 만드는 과정에서 신문을 비판적으로 이해하고, 역사 속 인물을 만나며, 조금 더 친근하게 독도의 역사를 종합적으로 이해할 수 있을 것이다.

5 학습단원의 개요

단원명	Ⅱ. 전근대기의 독도 2. 안용복 사건과 일본의 도해금지령	소요 차시	1~2차시
학습 목표	신문 만들기를 통해 독도에 대해 종합적으로 이해할 수 있다. 신문 만들기를 통해 독도 알리기를 실천할 수 있다.		
수업 형태	NIE 학습, 협동 학습, 멀티미디어 활용 학습		
준비물	컴퓨터, 펜, 하드보드지, 가위, 칼, 자		
중점 사항	·컴퓨터를 활용할 수 있다면 2차시로 진행하여 직접 컴퓨터로 신문 만들기 작업을 진행할 수 있다. ·신문 만들기를 진행하는 경우 학습자의 수준을 고려하여 진행한다. ·컴퓨터가 없는 경우 하드보드지 등을 활용하여 신문을 만들어 보는 과정을 진행할 수 있다. ·전시 학습에서 사전 예고 및 과제 부여를 통해 모둠 학습이 원활하게 진행될 수 있도록 지도한다. ·사설 쓰기, 가상 인터뷰 기사, 취재 기사, 시사만화, 영문 기사, 광고의 6개 분야에 대하여 참고 자료(샘플)를 제시하여 학생들의 진행을 도울 수 있다. ·학습자의 수준차를 고려하여 모둠별 1개 기사를 만들거나, 개인별 1개를 만드는 경우로 나눠 진행할 수 있다. ·반별 도우미 학생을 통해 편집하여 학급문집, 학급신문, 전시자료로 활용할 수 있다. ·시간 내에 완성하지 못할 경우 2시간에 걸쳐 학습을 진행하거나 과제로서 부여할 수 있다 ·독도 신문 만들기 공모전(대회)으로 교내 대회를 개최하여 연계할 수 있다.		

6 교수·학습과정안 (1~2차시)

단원명	Ⅱ. 전근대기의 독도 2. 안용복 사건과 일본의 도해금지령	활동	NIE 학습
		주제	신문 제작
학습 목표	·신문 만들기를 통해 독도에 대해 종합적으로 이해할 수 있다. ·신문 만들기를 통해 독도 알리기를 실천할 수 있다.		

◉ 도입: 5분

[동기 유발] 독도에 관한 광고를 검색한다.

· 구글 크롬 또는 네이버 이미지 검색에 접속하여 "독도 광고"를 검색한다.

· 독도 광고를 보며 느낀 점을 발표한다.

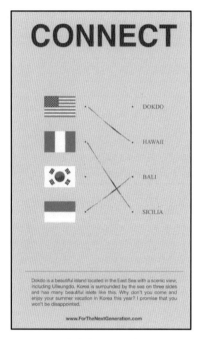

뉴욕타임스 독도 광고

[수업 목표 확인 및 학습 안내하기]

수업 목표

· 신문 만들기를 통해 독도에 대해 종합적으로 이해할 수 있다.

· 신문 만들기를 통해 독도 알리기를 실천할 수 있다.

학습 안내

· [모둠 1] 독도 관련 사설 쓰기

· [모둠 2] 안용복 등 가상인물 인터뷰하기

· [모둠 3] 특집 취재 기사

· [모둠 4] 독도 관련 시사만화

· [모둠 5] 영문 기사 쓰기

· [모둠 6] 신문 광고 제작(한국어, 영어, 일본어 등)

◉ 전개(모둠별 활동하기): 30분

[활동 1] 모둠별로 선정한 주제에 따라 준비한 자료를 활용하여 제작 활동을 한다.

－교사는 학생들의 사전 준비 상태를 확인하고 모둠별로 모둠장이 진행하며 서로 협력하여 본인의 수행 과제를 진행할 수 있도록 지도한다.

－간단한 학습지를 제공하여 스스로 생각하고 정리하며, 모둠원과 논의하며 진행할 수 있도록 지도한다.

－교사는 순회하며 학생들을 격려하고 학습자들이 과제 수행에 몰입할 수 있도록 돕는다.

☞ 학습자의 수준, 수업 시간 등을 고려하여 모둠별 1개 작품을 만드는 방법 또는 개인별 1개 작품을 만드는 방법을 선택할 수 있다.

－6개의 수행 과제 외에 다양한 방면에서 활용할 수 있다. 교실 상황 및 준비물을 고려하여 1개 과제만을 진행할 수 있다. 수행 평가와 연계도 가능하다.

☞ 사회교과교실, 특수목적실에서 진행하면 더 원활히 진행할 수 있다. 다양한 기기(컴퓨터, 노트북, 스마트폰)를 활용하여 자료를 수집하고 서로 논의하며 제작할 수 있다.

☞ 교실에서 진행하는 경우 수행 과제를 줄이고 워드 작성 혹은 이미지(포토샵)는 집에서 수행하고 차후에 제출하는 방식과 하드보드지 등을 이용하여 수기로 제작하는 방법이 있다. 상황을 고려하여 진행하도록 한다.

활동 6. 신문 광고 제작하기(예시)

모둠명: 학번: 이름:

1. 신문 광고에 담고 싶은 메시지

----

2. 신문 광고를 만들기 위한 나만의 전략

----

3. 신문 광고를 만들기 위해 필요한 것

----

4. 상상 아이디어 & 메모 & 이미지

모둠별 신문 제작 회의 장면

◉ 전개(전체 작품 감상 및 평가): 10분

[활동 2] 완성된 작품을 분야별로 1개 이상 발표하고 생각을 나누도록 한다.

－우수 작품에 대해서 스티커 등으로 투표를 진행할 수 있으며, 완성된 작품에 대해서 칭찬 및 격려를 진행하도록 한다.

－전체 또는 모둠별로 자기 평가 및 느낀 점을 공유하는 시간을 가지도록 한다.

－시간 내에 완성되지 못한 작품은 차시 학습이나 과제로 부여하여 진행할 수 있다.

독도 광고 만들기   안용복 가상 인터뷰 기사

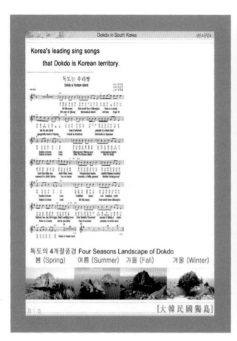

| 영문 독도 광고 제작 | 영문 독도 기사 작성 |

◉ 정리: 5분

정리 및 차시 학습을 예고한다.

-우수 작품을 선정하여 전시할 수 있다.

-학습 정리를 진행하고 학급 신문, 학급 문집으로도 제작할 수 있다.

-차시 학습 예고

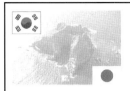

독도신문
-제1호-

발행처: ○○고등학교
발행인: ○학년
발행일: 2013.04.11.

들어가기 전에……

여러분은 독도에 대해서 얼마나 알고 계시나요? 독도가 왜 일본과 우리나라의 분쟁 지역이 된 것일까요? 일본은 다양한 근거를 제시하면서 독도를 자신의 영토로 만들기 위해 독도의 날도 제정하였고, 독도가 왜 일본의 영토인지 알리기 위해 10개 국어로 번역하여 홍보하고 있습니다. 그에 반해 우리나라는 '한국땅!'이라며 외치지만, 왜 우리나라 땅인지를 모르고 있는 사람이 많습니다. 일본의 술수에 넘어가지 않기 위해선 올바른 지식을 함양해서 독도에 대한 논리적인 근거를 제시할 줄 알아야만 합니다.　　　　－기자 ○○○

괭이갈매기가 전해주는 독도의 진실

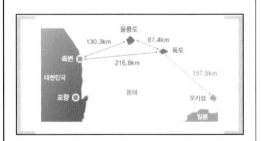

현재 독도는 대한민국 생태계 보전에 관한 특별법으로 문화재보호법 제25조에 의한 독도 천연보호구역(천연기념물 제336호)로 지정이 되어 있다. 울릉도와 독도의 거리는 87.4km로 날이 좋은 경우 육안으로도 볼 수 있지만 오키 섬에서는 157.5km로 아무리 날이 좋아도 육안으로 볼 수 없다. 독도는 경상북도 울릉군 울릉읍에 속해 있는 명실상부

일본, 이래도 우길 것인가?

<일본의 독도에 대한 비판>

1. 일본은 78년 동안이나 울릉도를 실제로 경영했고, 독도는 그때 울릉도를 오가며 들르던 곳이었다.
2. 우산도는 독도가 아니라 울릉도만을 지칭하는 것이거나 울릉도 옆의 작은 섬만을 포함한 것이라고 보아야 한다. 왜냐하면 우산도가 언급되어 있는 (한국의) 문헌에는 사람이 많이 살고 있고 대나무가 많다든가 하는 기술이 나오는데, 독도에는 사람이 살지 않았기 때문이다.
3. 독도와 울릉도가 서로 바라볼 수 있는 위치에 있다고 하지만, 울릉도에서는 아주 높은 곳에 가지 않는 한 독도가 보이지 않는다. 따라서 울릉도에서 보였다고 (한국의) 자료에 나오는 섬은 어디까지나 울릉도 바로 옆의 섬인 죽서도이다.
4. 에도막부는 그렇게 울릉도를 조선의 영토로 인정했지만, 독도까지 조선 영토라고 생각한 것은 아니었다. 울릉도 주변의 조업을 둘러싼 일본－조선 간의 교섭 결과 막부는 1696년 울릉도 도항을 금지하게 되었지만, 독도 도항은 금지되지 않았다.
5. 안용복은 울릉도로 갈 때 독도의 존재를 알았다고 하지만, 그러려면 독도는 울릉도의 북동쪽에 있어야 하는데 독도는 남동쪽에 있다. 북동쪽에 있는 건 죽서도이니, 그가 본 것은 독도가 아니다. 당시 교섭 후 돗토리조취 번의 영주가 조선령으로 인정한 두 섬이란, 울릉도와 독도가 아니라 울릉도와

대한민국의 땅임을 알 수 있다.

일본이 독도의 소유권을 계속 주장하는 이유에는 독도가 북한 한류와 대마 난류계의 흐름을 교차하는 지점으로써 다양한 해산물이 많이 잡혀 예로부터 황금어장으로 불리며 어업 해역의 경제성뿐만 아니라 '메탄 하이드레이트'라는 천연가스가 얼음처럼 고체화된 상태의 지하자원이 존재한다. 하지만 일본이 독도의 소유권을 가질 수 없는 이유가 여러 가지가 있다. 그중 하나로 근대화를 진행하던 일본은 폐번치현을 단행하여 내무성이 1876년 일본 전역의 지적을 편찬하는 작업을 진행하면서 시마네 현에 다케시마(울릉도)에 대한 기록과 지도 등을 제출하도록 요청했다. 이에 시마네 현은 기죽도략도를 첨부하고 아울러 지적도에 다케시마(울릉도) 외 일도를 일본 영토로 등재해도 좋을지에 대해서도 문의하였다. 기죽도략도에는 마쓰시마(독도)에서 이소타케시마까지의 거리가 40리로 되어 있어 두 섬이 울릉도와 독도임을 말해주며, 안용복은 평민으로 일본에 두 번을 건너가 독도가 조선의 땅임을 주장한 인물로서 일본으로부터 다케시마 도해금지령을 받아낸 한국이 독도의 소유권을 주장함에 따라 중요한 인물이 된다.

－기자 ○○○

죽서도였다.

<일본의 독도 비판에 대한 근거>

1. 1번은 근거 없는 주장. 울릉도를 오가는 해도에 굳이 독도를 보급거점으로 했을 리도 없고 보급거점이 아니었다면 들를 필요도 없었기에 울릉도를 오갈 때 독도를 들를 이유가 없습니다.
2. 사실인지 아닌지 확인이 불가능한 하나의 학설입니다.
3. 하지만 영토가 꼭 보여야 할 필요는 없습니다. 예를 들어, 서울에서 충청도가 안 보인다고 충청도가 한국 땅이 아닌 건 아닌 것처럼 말입니다.
4. 하지만 그 당시 독도에는 주민이 거주하지 않은 걸로 알고 있어서 도항을 신경 쓰지 않았던 것이었습니다.
5. 이 부분에 관한 건 우리나라의 기록에 전적으로 의지하므로 뭐라고 주장할 수가 없었습니다.

당시에는 아직 독도라는 이름 대신 죽도로 명시되었던 시절이기에 죽도＝독도인지는 우리 쪽에서도 확실히 증명하는 것은 불가능.

－기자 ○○○

독도신문
-제1호-

발행처: ○○고등학교
발행인: ○학년
발행일: 2013.04.11.

-독도 광고-

<문제 1>

다음 보기 중 알맞은 짝을 골라 답하시오.

㉠ 독도	㉡ 한국	㉢ 일본

① ㉠, ㉡   ② ㉡, ㉠   ③ ㉢

당신이 생각하는 것이 정답입니다.

지증왕, "우산국을 정벌하라"
신라 지증왕 13년 이사부 군주 우산국 정복

독도에 대한 우리나라 최초의 기록은 『삼국사기』에 신라의 이사부가 우산국을 복속시킨 내용이 있다. 본래 삼국시대 이전 울릉도와 독도는 우산국으로 불리었다. 삼국시대 우산국 사람들이 신라 내륙까지 들어와 노략질을 벌이자, 이사부가 우산국을 정벌하게 되었고, 해마다 토산물을 바치도록 하였다.

다음은 『삼국사기』 권4에 쓰여 있는 내용이다.

조선 시대의 독도 누가 지켰는가?
독도를 지킨 안용복 장군

안용복은 누구인가
안용복은 동래 출신의 뱃사공으로 동래 수군으로 들어가 능로군(能櫓軍)으로 복무하면서 왜관에 자주 출입하며 일본말을 익혔다. 일본의 기록에는 서울에 사는 오충추의 사노비로서 부산 좌천리에 살았다고 되어 있다. 1693년과 1696년 두 차례에 걸쳐 일본에 건너가 독도가 조선 땅임을 주장한 인물이다. 안용복에 대한 호칭은 안 동지, 안 비장, 안 변장, 안 병사 등 여러 개로 나오며 나이도 1696년 당시 43세, 33세, 36세 등으로 분명하지 않다.

안용복 사건
안용복이 두 차례에 걸쳐 일본에 건너가 독도가 조선 땅임을 주장한 일로 양국 간 외교 문제가 발생한 것을 '안용복 사건'이라고 한다. 이를 조선 기록에서는 '울릉도 쟁계', 일본에서는 '다케시마 일건'이라 한다.
1693년(숙종 19년) 울릉도에서 고기잡이하던 중 이곳을 침입한 일본 어민을 힐책하다가 일본으로 잡혀갔다. 일본에서 울릉도가 조선의 땅임을 강력히 주장하여 막부로부터 울릉도가 조선의 영토임을 확인하는 서계(書契)를 받아냈다. 이를 가지고 돌아오던 중 쓰시마 도주[對馬島主]에게 빼앗겨 서계가 죽도(竹島)가 일본 땅이므로 고기 잡는 것을 금지시켜 달라는 내용으로 위조되어 조선에 들어왔다.
이에 조선에서는 울릉도는 조선의 땅임이 명백함을 밝히고 1694년 일본의 무례함을 힐책하는 예조의 서계를 전달하였다. 이후 안용복은 지증왕 13년에 이사부는 하슬라주(阿瑟羅州 - 현재의 강원도 강릉시) 군주가 되어 우산국(于山國 - 현재의 울릉도, 독도)의 병합을 계획하고 있었는데, 그 나라 사람들이 어리석고 사나워서 위력으로는 항복받기 어려우니 계략으로써 복속시킬 수밖에 없다 생각하고, 이에 나무 사자를 많이 만들어 전선(戰船)에 나누어 싣고, 그 나라 해안에 다다라 거짓으로 말하기를 "너희들이 항복하지 않으면 이 맹수를 풀어놓아 밟아 죽이겠다"고 하였는데, 우산국 백성들이 두려워서 즉시 항복했다.

또, 우산국은 지금의 울릉도를 중심으로 주변의 부속도서들을 세력권 내에 두었던 소국(小國)이었으며, 우산국의 영역에 대해 『만기요람』 군정편에는 울릉도와 우산도는 모두 우산국의 땅이며 우산도는 왜인들이 말하는 송도(松島: 독도)라고 하여 독도가 우산국의 영토였음을 문헌이 명료하게 증명하고 있다.

         - ○○○ 기자

1696년(숙종 22년) 박어둔(朴於屯)과 다시 울릉도에 고기잡이 나갔다가 일본 어선을 발견하고 송도(松島: 독도)까지 추격하여 정박시킨 후 조선의 바다에 침범해 들어와 고기를 잡은 사실을 문책한 다음 울릉우산양도감세관(鬱陵于山兩道監稅官)이라고 자칭하고, 일본 호키주 [伯耆州: 島根縣]에 가서 번주(藩主)에게 범경(犯境)의 사실을 항의하여, 사과를 받고 돌아왔다. 이듬해 일본 막부(幕府)는 쓰시마 도주를 통하여 공식으로 자신들의 잘못을 사과하고 일본의 출어금지를 통보해 왔다. 안용복은 나라의 허락 없이 외국을 출입하여 국제문제를 야기했다는 이유로 조정에 압송되어 사형까지 논의되었으나 지사 신여철(申汝哲) 등이 "나라에서 하지 못한 일을 그가 능히 하였으니 죄과와 공과가 서로 비슷하다"고 하여 귀양에 처해졌다. 이후 울릉도에 대한 분쟁이 없어져 그의 공로가 크다고 할 것이다.

         - ○○○ 기자

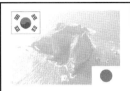

독도신문
-제1호-

발행처: ○○고등학교
발행인: ○학년
발행일: 2013.04.11.

아~어이 할고 독도를 강탈당하였으니!!!
"독도는 '러-일 전쟁' 때 일본이 강탈했다"

1978년 1월 7일 조선일보는 동경 특파원으로부터 독도 관련 기사를 받는다. 일본이 독도를 러시아와의 전쟁 수행을 위해 전략상 필요성에서 강점했다는 사실을 밝혀낸 기사였다. 무주선점이 아니라 어디까지나 군사상 필요에 의한 강점, 즉 침략적 점유를 기정사실화하려 했던 점을 밝혀주는 문서의 발견이다.

이 사료는 동경 한국연구원의 최서면(崔書勉) 원장이 한일합방 전 일본의 독도영유선언이 러일전쟁과 관계가 있을 것으로 보고 집요하게 관계 사료를 탐색하던 중 시마네 현(島根縣) 마쓰에(松江) 시 현립도서관 향토사료부에서 명치정부에 독도의 일본령 편입 및 대부를 신청했던 어로업자 나카이 요사부로(中井養三郎)의 행정관청과의 왕복문서철 속에서 찾아냄으로써 전모가 밝혀진다. 결론적으로 이 나카이 요사부로의 왕복행정

하지만 보고서를 올렸던 심흥택 군수는 곧 울릉군수직에서 물러났다. 그가 울릉군수직을 계속 수행했다고 하더라도 한일통신기관위탁협정(1905년 4월)으로 일본이 조선의 우편·전신·전화 등을 모두 통제하고 있는 상황이었기 때문에 그 지시문을 제대로 하달 받았을지도 의문이다. 을사조약 체결 이후 한국은 외교부(外交部)가 폐지(1906년 1월)되고 같은 해 2월 일본 통감부가 업무를 개시하여 철저히 그 지배를 받고 있었다. 이런 상황에서 한국 정부가 독도 병탄에 대해 항의하고자 해도 항의할 길은 사실상 막혀있었다. 그런데도 일본은 그때 대한제국 정부가 일본의 독도 편입에 대해 강력하게 항의하지 않았다는 점을 들어 독도 편입의 정당화를 주장하고 있다. 억지에 가까운 말도 안 되는, 이해가 안 되는 주장을 반복해서 늘어놓고 있다.

－○○○ 기자

일본과 한국의 독도분쟁 이유는 무엇인가
"독도 영유권 분쟁원인 현황"

□ 원인: 1945년 한국의 광복과 함께 독도는 한국 영토로 귀속되었고, 따라서 1952년 1월 18일에 포고된 '인접해양주권에 대한 대통령선언'에서

문서로 보아 우리는 일본이 분명히 독도가 한국령이라는 사실을 인지하고 있었다는 사실과 일본 외무성이 러일전쟁을 위해서 전략적 가치를 인정하고 전쟁기지화에 분명한 목적을 두고 있었다는 사실을 발견할 수 있다.

한편, 독도의 편입을 일방적으로 결정한 일본 정부는 한동안 그 사실을 공개하지 않았다. 그러다 1년여가 지난 1906년 3월 28일에서야 시마네 현 관리들이 울릉도를 방문하면서 알려지게 되었다. 독도를 거쳐 울릉도에 들른 시마네 현 관리 간다 오시타로(神西由太郎) 등 일본인들이 울릉군수 심흥택에게 독도가 일본에 편입되었다고 알렸다. 독도가 일본의 영토가 되었다는 소식에 놀란 심흥택은 바로 다음 날 이 사실을 강원도 관찰사 이명래에게 보고하였다. 이명래도 이 사안의 긴급성과 중대함을 인식하고 울릉군수의 보고 내용 그대로 의정부 참정대신에게 보고하였다. 의정부 참정대신 박제순은 1906년 5월 20일 자 지령 제3호를 통해 "독도가 일본의 영토가 되었다는 것은 전혀 사실무근이니, 이의 형편과 일본인의 여하히 행동하였는지를 다시 조사 보고할 것"을 지시하였다. 이명래의 보고는 당시 정부가 독도를 우리 영토로 분명히 인지하고 있었음을 잘 알 수 있다.

한국 정부는 독도를 포함한 한국 영토의 한계를 명백히 하였고, 1954년 8월 독도에 등대를 세워 세계 각국에 통고하는 한편 독도 주변 영해 내의 수자원을 확보하였다.

이와 같은 한국 정부의 조치에 대하여 일본이 1952년 1월 28일 한국에 항의하며 독도의 영유권을 주장하고 나옴으로써 독도 문제가 일어났다.

ㅁ 현황: 대한민국 정부는 국제법상 평화적인 지배를 계속하는 것이 영토권을 주장할 수 있는 가장 확실한 근거라고 판단하여 섬에 대한 외교적 공론화를 피해 왔다. 현재는 외교통상부와 국토해양부 홈페이지에 섬에 대한 분쟁 문제에 대응을 하고 있다. 일본 언론도 2005년을 기점으로 섬에 대한 문제를 확대하여 영토 분쟁 지역으로 보도하고 있으며 시마네 현을 비롯한 주변의 현이 연합하여 섬에 대한 영유권을 주장하고 있다.

독도는 울릉도 동남쪽에 위치하고 있으며, 동경 131° 52′, 행정구역상으로는 경상북도 울릉군 울릉읍 도동리 산 421번지에서 산75번지에 속해있다. 울진군 죽변에서는 약 217km, 울릉도에서는 약 87km 떨어져 있는 반면, 일본의 오키제도에서는 약 158km, 시마네 현 히노미사키에서는 약 211km 떨어져 있다.

독도, 언제부터 우리나라 땅이었을까?
'독도 과거로부터의 발자취'

독도는 과거 512년(신라 지증왕 13) 강릉군주 이사부가 우산국을 점령함으로써 우리 역사에 개입하게 되었다. 우산국인의 계통 및 국가 발전단계, 문화수준의 정도는 구체적으로 가늠할 수는 없으나 지리적인 요건으로 육지의 제 국가와의 교류가 원활하지 못하였지만 우산국 왕 우해가 대마도를 공격하여 대마도주의 딸을 데려왔다는 전설과 신라군의 우산국 정벌 시 힘만으로 앞세운 공격이 아닌 교묘한 계략을 구상했어야 했다는 것을 볼 때 그들은 오늘날 울릉도, 독도 등지를 포함한 도서지역과 그를 둘러싼 바다 및 동해안 일대를 기반으로 한 강력한 해상세력 국가였음을 짐작할 수 있다.

우산국은 바다를 주된 생활공간으로 하고 비옥한 토질과 풍부한 수량 및 진귀한 나무, 풍부한 해

독도의 지킴이 안용복!
'독도를 지켜낸 조선 시대의 어부 안용복'

안용복은 동래부 출신으로 동래 수군으로 들어가 능로군으로 복무하면서 왜관에 자주 출입하여 일본 말을 잘하였다. 1693년(숙종 19) 울릉도에서 고기잡이하던 중 이곳을 침입한 일본 어민을 힐책하다가 일본으로 잡혀갔다. 일본에서 울릉도가 조선의 땅임을 강력히 주장하여 막부로부터 울릉도가 조선의 영토임을 확인하는 서계를 받아냈다. 이를 가지고 돌아오던 중 쓰시마 도주에게 빼앗겨 서계가 죽도가 일본땅이므로 고기 잡는 것을 금지해달라는 내용으로 위조되어 조선에 들어왔다.

이에 조선에서는 울릉도는 조선의 땅임이 명백함을 밝히고 1694년 일본의 무례함을 힐책하는 예조의 서계를 전달하였다. 이후 안용복은 1696년(숙종 22) 박어둔과 다시 울릉도에 고기

산물의 다량산출로 풍족한 생활을 영위하는 독자적인 세력을 유지하였으나 신라 강릉 군주인 이사부에게 점령당하여 신라에 귀속되었다.

당시 이사부는 우산국민들이 자신들의 지형을 믿고 항복이 아닌 항전을 하려고 하자 짚으로 호랑이를 만들어 "너희가 항복하지 않으면 이 맹수를 풀어 놓아 밟아 죽이겠다"고 하자 우산국민들은 지레 겁을 먹어 항복하였다고 한다. 신라 시대 우산국을 점령한 이사부 그 후 우산국은 신라에 매년 토산물을 바쳤다고 한다.

930년(고려 태조 13) 고려에 귀속된 우산국 주민들은 조공을 바침으로써 작위를 받았으며 1018년 여진족의 침입을 받고 농업을 폐하게 되었다 하여 고려정부에서 이원구를 보내어 농기구를 하사하였다. 1032년(덕종 원년)에는 우릉성주가 아들을 보내어 조공하였고, 1141년(덕종 원년) 이때 우산국의 명칭은 우릉으로 바뀌어 쓰였다(우릉은 독도를 포함하여 말함). 1141년(인종 19년) 강원도의 명주도 감창사 이양실이 울릉도에 사람을 보내 본토에서 볼 수 없는 진귀한 과실과 나뭇잎을 채취하여 조정에 바쳤다. 1242년(고종 29년) 실력자 최우에 의하여 울릉도 사민정책을 실시하였으나 풍랑 등으로 사민정책은 실패하였다.

잡이 나갔다가 일본 어선을 발견하고 송도까지 추격하여 정박시킨 후 조선의 바다에 침범해 들어와 고기를 잡은 사실을 문책한 다음 울릉우산양도감세라고 자칭하고, 일본 호키주에 가서 번주에게 범경의 사실을 항의하여, 사과를 받고 돌아왔다.

이듬해 일본 막부는 쓰시마 도주를 통하여 공식으로 자신들의 잘못을 사과하고 일본의 출어금지를 통보해 왔다. 안용복은 나라의 허락 없이 외국을 출입하여 국제문제를 야기했다는 이유로 조정에 압송되어 사형까지 논의되었으나 지사 신여철 등이 '나라에서 하지 못한 일을 그가 능히 하였으니 죄과와 공과가 서로 비슷하다고 하여 귀양에 처해졌다. 이후 울릉도에 대한 분쟁이 없어져 그의 공로가 크다고 할 것이다.

'우편번호 799-805는 경상북도 울릉군 울릉읍 독도리 1~96번지의 우편번호임. 우편번호는 우편물을 쉽게 분류하기 위하여 지식 경제부에서 지역마다 매긴 번호'

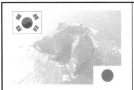

독도신문
-제1호-

발행처: ○○고등학교
발행인: ○학년
발행일: 2013.04.11.

일제강점기의 독도
"일제 독도를 뺏었다"

일제강점기에 일본이 교과서로 발행한 역사 교과서의 첨부 지도이다.

이 지도를 보면 독도는 울릉도나 한반도와 같은 보라색으로 표시하였으며 일본은 빨간색으로 표시하여 일본에서 제외한 동시에 독도는 조선에 속한 조선의 영토임을 분명히 보여 주고 있다. 일제강점기에 우리나라가 일본땅이 되었어도 광복 이후 모든 땅을 돌려받았다. 그리고 을사조약 약 한 달 전인 1900년 10월 25일 대한제국 칙령 제41호가 발표되었다. 즉 일제강점기부터 독도는 우리나라 영토였다는 걸 증명해주고 있다. 대한제국 고종황제는 900년 10월 25일, 울릉도와 죽서도(竹島), 석도(獨島)를 관할하는 행정구역으로 울도군을 설치한다는 대한제국 칙령 제41호(울릉도를 울도로 개칭하고 도감을 군수로 개정하는 건)를 제정했다.

대한제국은 일본인들의 끊임없는 울릉도 불법 입국과 정착을 방지하는 적극적 대책의 일환으로 지방행정체계를 개편하여 1900년 10월 칙령 제41호를 제정 반포해서 종래 강원도 울진군에 속했던 울릉도를 '울도군'(鬱島郡)으로 승격시키고 새로운 울도 군수를 임명하였다.

일본 그들은 왜 우기는가
"독도에 대한 일본의 억지주장"

2012년 3월 27일 일본 문부과학성이 발표한 자료에 따르면 일본 고등학교 사회과 교과서 39종 가운데 절반이 넘는 21종이 독도를 일본땅으로 기술한 것으로 드러났다. 이는 일본이 막무가내로 자기네 땅이라고 우기고 그것을 한국이 인정하지 않자 일본 고등학교 사회과 교과서에 자기 땅이라고 가르치고 있는 바이다. 독도는 512년 6월 삼국사기 기록부터 1990년 10월 대한제국 칙령까지 이어지고 있는데 일본은 이 사실을 인정하지 못하고 있다. 일본의 억지주장으로는 독도는 원래 일본 영토였다. 시마네 현의 편입은 침탈이 아닌 영유의사의 재확인이었다. 강화도조약 기초과정에서 미국은 독도가 일본 관할이라고 주장하였다.

그러므로 독도는 일본 영토라는 주장이다. 독도의 영유권 문제는 국제사법재판소에서 해결되어야 한다는 주장이다. 일본의 이 억지 주장은 다 옳지 못하다. 그 이유로는 1905년 시마네 현 고시 제40호 공포 당시 독도 침탈의 근거는 '영유권 재확인'이 아닌 '무주지 선점법리'(다른 나라의 주권하에 속하지 않는 영토에 대해 선점하는 국가가 영유권을 갖게 되는 것)였다. 일본의 로비로 일본이 포기해야 할 영토 리스트에 독도는 명기되지 못했다. 그러나 독도 외에도 더 큰 실제 한국의 섬들도 하나하나 기입되지는 않았다.

울도군이 관리하는 구역은 울릉도·죽서도(죽도)와 독도(石島)로 하였다. 그리고 이 관제 개정을 중앙 관보에 게재하여 전 세계에 알려지게 하였다. 이 1900년 칙령 제41호에 의해 서양국제법 체계에서도 독도가 대한제국 영토임을 또 한 번 세계에 공표하게 되었다.

그리고 이것이 대한제국 칙령 제41호를 해석한 내용이다.

第二條 郡廳位置는 台霞洞으로 定하고 區域은 鬱陵全島와 竹島石島를 管轄할 事
제2조 군청위치는 대하동으로 정하고 구역은 울릉전도와 죽도, 석도를 관할할 일
附則 第六條 本令은 頒布日로부터 施行할 事
부칙 제6조 본 영은 반포일로부터 시행할 일
光武四年十月二十五日 御押 御璽 奉勅 議政府議政臨時署理贊政內部大臣 李乾夏
광무4년 10월 25일 어압 어새 봉칙 의정부 의정 임시서리 찬정 내부대신 이건하

즉, 그저 독도가 명시되지만 않았을 뿐, 독도가 일본의 영토라는 뜻은 아닌 것이다.

[일본의 독도 ICJ 회부 제의에 대한 우리 정부의 답변] 일본 ICJ 회부 제의는 사법절차가 정한 허위의 시도이다. 한국은 독도 영유권을 가지며 이를 ICJ에서 증명할 이유가 없다. 또한 미국이 2008년 7월 9일 뉴욕타임스에 실린 광고(위의 사진)처럼 동해에 위치한 독도는 한국 영토의 일부분이다. 한국과 일본은 정확한 역사적 사실을 후대에 물려줘야 하며 동북아시아의 평화와 번영을 위하여 지금부터 상호 협력을 해야 한다고 미국도 주장하고 있는 바이다. 이 말을 토대로 일본은 교과서 교육과정에 허위사실을 없애고 더 이상 독도에 관하여 억지 주장을 하지 않아야 하며 독도가 한국땅이라고 인정해야 된다.

독도는 더 이상 다케시마가 아니라 한국의 독도라고 인정해야 한다. 그들은 우기지 않고 우리나라와 상호협력을 해서 이웃 나라로서 갈등을 해소하고 더 이상 독도에 대한 분쟁을 하지 않아야 한다.

　　　　　　　　　　　　　－ ○○○ 기자

독도신문
-제1호-

발행처: ○○고등학교
발행인: ○학년
발행일: 2013.04.11.

현재 독도는 무엇을 하고 있을까?
"당신들은 독도에 대해 얼마나
알고 있는가?"

2011년 10월 25일 가수 김장훈이 대중들에게 독도에 대해 올바른 관심을 가져 달라고 당부하였다. 가수 김장훈이 '독도페스티벌－독도 콘서트하다'에 참석해 독도에 대한 관심을 보인 것이 화제가 되었다. 위와 같은 내용으로 사람들은 독도에 대해 얼마나 알고 있나 의문이 들기 시작한다. 방송 'MBC－독도를 알다'에서 독도에 대한 문제를 5가지를 물어보고 다녔지만 20~30대가 제일 그나마 높게 나왔지만 별로 잘 아는 사람은 없었던 것 같았다. 독도는 천연기념물 제336호로 경상북도 울릉군 울릉읍 독도리 1~96의 위치에 있다. 또 독도는 사람이 살 수 있는 환경으로 점점 변해가고 있다. 최초로 故 김상도 부부가 독도에 들어와 살게 되었다. 그러면서 점점 사람이 꽤 많아지면서 현재 독도 거주 주민 수가 2가구 4명이 늘어나게 되었다. 그리고 요즘 독도 교과서가 천재교육에서 출간되기 시작했다.

이로써 독도는 옛날보다 많이 발전되고 더 좋아진 것을 느낄 수가 있다. 그러므로 독도에 대해 잘 모르는 우리도 독도에 대해 더욱 많은 관심과 노력이 필요하다. 그렇다면 우리가 독도를 위해 수는 없는 법 아닌가. 우리는 독도를 지키기 위해 노력을 하고 독도에 대해 다시 한 번 바로 알고 실천할 수 있는 것은 하도록 해야 한다.

독도의 가치는 뭐가 있을까?
"독도의 경제적인 면"

▶ 독도 주변 해역이 황금어장이라는 것은 널리 알려져 있다. 북쪽에서 내려오는 한류와 남쪽에서 올라오는 난류가 만나 교차하는 독도 주변 해역은 플랑크톤이 풍부해서 회유성 어족이 풍부하기 때문에 좋은 어장을 형성한다.

▶ 어민들의 주요 수입원이 되는 회유성 어족인 연어, 송어, 대구를 비롯해 명태, 꽁치, 오징어, 상어가 주종을 이루고 있다.

학자들이 연구하고 싶어 한다는 지질학!!

▶ 독도의 생성 연도는 지금으로부터 약 450만 년 전부터 250만 년 전 사이인 신생대 3기의 플라이오세 기간의 해저 화산활동 때문에 형성됐으며, 이시기는 울릉도(약 250만 년 전~12만 년 전) 및 제주도(약 120만 년 전~1만 년 전)의 생성 시기보다 앞선 시기이다. 생성시기로 따진다면 울릉도, 제주도의 형인 셈이다. 애국가의 표현대로 '동해물과 백두산이 마르고 닳는다면' 독도는 더 이상의 작은 바위섬이 아니고, 높이 2천여m의 거대한 산의 꼭대기라고 한다.

▶ 지질학적으로 보면 독도는 동해의 해저로부

해줄 수 있는 것이 무엇인가 실천해야 한다. 우선 요즘 사람들에게 다가가 독도가 왜 한국 것인가를 물어보면 자세하고 현명하게 답해줄 사람이 몇 명 되지도 않을 것이다. 그러므로 우리는 독도가 왜 우리 땅인가를 잘 알아야 한다. 독도가 우리 땅인 이유와 근거는 정말 많은데 그중 몇 개를 뽑자면 '연합국, 샌프란시스코 일본강화조약에서 독도 누락 하였고 '연합국의 구 일본 영토 처리에 관한 합의서'에 "독도는 한국 영토"라고 규정하였다. 이렇게 말이 어렵고 복잡하지만 알아야 한다. 우리 땅이므로 말이다. 또 독도는 우리 땅이라고 생각하면서 자부심을 가지는 게 무엇보다 제일 중요하다고 생각한다. 또 독도는 사람들이 놀러 가기도 한다. 사람들은 독도에 배를 타고 가서 많은 것을 경험하고 느끼고 오는 것도 많고 경치도 좋을 것이고 우리 땅임으로 갈 수 있으면 가 보는 것이 좋을 것 같다. 독도를 가려면 날씨도 중요하니 꼭 잘 알아보고 갔으면 좋겠다. 독도에는 볼 수 있는 것이 많다. 우선 조류로 유명한 괭이갈매기가 있다. 또 어류로는 명태, 대구, 상어, 송어 등이 있고 바위도 코끼리바위 등 볼 경치가 매우 많다. 또 요즘 고1 학생들이 배우는 것처럼 독도는 가치가 매우 높다. 독도는 지하자원, 경제적, 군사적으로 가치가 높고 좋다. 그러므로 일본이 노리는 것도 많은 것 같다. 이렇게 우리가 일본에게 독도를 빼앗길

터 해저의 지각 활동에 의해 불쑥 솟구친 용암이 오랜 세월 동안 굳어지면서 생긴 화산성 해산이다. 이러한 독도는 원래 동도, 서도가 한 덩어리인 화산섬이었다. 몇십만 년의 세월이 흐르며 바닷물에 의한 침식작용과 바람에 의한 풍화작용을 거듭하며 원래 부드러운 성질의 돌이 천천히 깎여 들어갔다. 이러한 해식작용의 결과로 칼로 깎은 듯 날카롭고 가파른 해식애들이 만들어졌으며, 한편에서는 서도의 북쪽과 서쪽 해안선처럼 파식지가 형성되었다.

독도의 생태계

▸ 식물: 현재까지 독도에서 조사된 식물은 약 50~60종 내외이며, 초본류로는 민들레, 괭이밥, 섬장대, 강아지풀, 쑥, 쇠비름, 명아주, 질경이 등이, 목본류로는 곰솔(해송), 섬괴불나무, 붉은가시딸기, 줄사철, 동백 등이 자생하고 있다.

▸ 조류 및 육상동물: 지금까지 괭이갈매기, 바다제비, 슴새, 황조롱이, 물수리, 노랑지빠귀, 흰갈매기, 흑비둘기, 까마귀, 딱개 등 22종의 조류가 관찰되었으며, 곤충류로는 잠자리, 집게벌레, 메뚜기, 매미, 딱정벌레, 파리, 나비 등 37종이 보고된 바 있다.

▸ 어류: 독도의 어류로는 연어, 송어, 대구, 명태, 꽁치, 오징어, 상어가 주종을 이루고 있다.

토론수업으로 독도를 지켜라!

1 단원명

Ⅲ	근·현대기의 독도

2 단원의 개관

이 단원에서는 울릉도와 독도를 둘러싼 근·현대 시기의 한일 양국의 갈등을 역사적으로 살펴본다. 일본의 에도막부가 울릉도와 독도가 조선 영토라는 것을 공식적으로 인정했음에도 불구하고, 제국주의적 팽창을 추구하던 일본의 메이지 정부는 러·일전쟁을 전후하여 증대된 군사적, 어업적 필요성을 충족시키기 위해 독도를 자국 영토로 편입하는 조처를 하는 과정을 파악한다. 이후 일본은 러·일전쟁을 앞두고 울릉도와 독도에 군사시설을 설치하였으며, 급기야 1905년에는 독도를 자기 나라 땅으로 편입하고 '다케시마'라고 이름 지었다. 이러한 과정에서 독도 영유권에 관한 근거를 찾아보도록 한다.

3 단원의 구성

소단원	주요 학습 내용	학습 활동	주제 분류
1. 독도 개척과 대한제국 칙령 제41호	· 독도 개척 활동 · 대한제국 칙령 분석 · 대한제국기의 울릉도와 독도	근대 시기의 울릉도와 독도에 대한 영유권 확보 활동과 개척활동을 파악할 수 있다.	독도의 영유권
2 러·일전쟁과 일본의 독도 침탈	· 러·일전쟁과 독도의 군사전략적 가치 · 나카이 요사부로의 량코도 영토 편입 · 일본의 독도 편입 고시 · 심흥택 보고서	러·일전쟁을 전후하여 독도의 군사전략적 가치에 주목한 일본이 독도의 강치 어업을 독점하고자 했던 나카이 요사부로의 요청을 근거로 독도를 '주인 없는 섬'으로 규정하고 일본 영토로 편입하는 과정을 살펴보고, 대한제국 정부의 대응을 알아본다.	일본의 독도 편입과 대한제국의 대응
3. 광복 이후의 독도와 독도 수호를 위한 우리의 노력	· 샌프란시스코 강화조약의 내용 · 연합국 사령관 각서 제1033호 · 평화선의 의미 · 독도 수비대의 활동	제2차 세계대전 이후 연합국의 처리 과정에서의 독도 영유권의 인정 및 광복 이후 독도 영유권을 지키기 위한 활동을 알아본다.	독도의 영유권

4 **수업 모형 선정 이유**

Pro-Con 협동학습은 교사 위주로 전개되는 전통적인 강의식 수업에서 벗어나 개인이 서로 다른 이질적인 집단을 구성하고 서로 협력함으로써 함께 수업에 참여한다는 점이 강조되는 학습 방법이다. 독도 영유권과 관련한 내용적 지식이라는 인지적 목표와 더불어 대한민국 국민, 민주시민으로서 지녀야 할 관용, 협력, 연대와 같은 정의적 목표를 추구할 수 있다는 점에서 특징을 가지고 있다. 이질적인 집단 내에서 구성원 각자에게 배분된 역할을 책임감 있게 수행하며 집단의 목표를 달성할 수 있고, 그에 대한 보상을 참여자 모두 동등하게 경험할 수 있다.

Pro-Con 협동학습은 모둠 내에서 입장을 바꿔 반대되는 입장에서 주장을 하면서 자신의 주장에 대한 근거에 대해 불확실성을 경험하고 이러한 갈등을 해결하기 위해 더 많은 정보, 새로운 경험, 적절한 관점, 적절한 추론을 추구하면서 확산적 사고를 경험하게 된다. 독도 영유권에 관한 일본 측의 주장을 경험하면서 독도가 우리나라 땅임을 논리적으로 이해하고 이에 대한 근거를 찾아보면서 합리적인 주장을 할 수 있을 것이다. Pro-Con 협동학습은 교실 내 학생이 많은 상황에서 토론 협동학습을 진행하며 학생들 개개인의 참여도를 높이고 인지적, 정의적, 행동적 학습의 효과를 높일 수 있을 것이다.

5 **수업 모형 절차**

◉ Johnson & Johnson의 찬반논쟁 협동 학습 모형 절차

1단계	정보조직과 결론 도출	학습자는 제한된 경험과 불완전한 정보에 기초하여 잠정적 결론을 내림
2단계	자신의 입장 발표	학습자는 자신의 주장과 이유를 발표하고 지지를 호소
3단계	반대 관점을 경험	학습자는 다른 관점을 가진 학생들의 주장을 경험하고 서로의 주장을 비판
4단계	개념갈등과 불확실성 경험	학습자는 개념적 갈등을 경험
5단계	지적 호기심과 관점 채택	학습자는 분명하고 자세한 정보를 얻으려는 욕구와 관점의 변경을 통해 더 분명한 입장을 선택하려고 노력
6단계	재개념화와 종합 및 통합	학습자는 더 수집된 정보와 재개념화로 자신의 입장을 종합하고 통합

출처: 권성호(2002), 『교육공학의 탐구』, 양서원, p.368

◉ Johnson & Johnson의 찬반 모형 절차

1단계	2단계	3단계	4단계	5단계	6단계
수업준비단계 소집단 구성	소집단 내 미니 소 집단 구성, 주장의 정당화	미니 소집단 내 발표	미니 소집단별 토의 단계	미니 소집단의 입장을 바꾸어 토의	소집단 의견의 종합, 발표 단계

출처: 전숙자(2008), 『고등사고력 함양을 위한 사회과 교육의 새로운 이해』, 교육과학사, p.294

6 학습단원의 개요

단원명	Ⅲ. 근·현대기의 독도 2. 러·일전쟁과 일본의 독도 침탈	소요 차시	1~2차시
학습 목표	· 일본의 주장에 대하여 논리적인 근거로 반박할 수 있다. · 근·현대 시기의 일본의 독도 침탈에 대해 설명할 수 있다.		
수업 형태	Pro-Con 협동 학습, 협동 학습		
준비물	토론 학습지, 자기 평가 및 모둠 평가		

중점 사항	· 토론수업에 익숙하지 않은 한국의 교실문화에서 수업에 앞서서 토론수업의 중점사항 및 규칙에 대해
	  충분히 설명하고 안내한다.
	· 4명을 한 모둠으로 구성한다. 4명 이상으로 구성하더라도 짝수의 모둠원으로 구성한다.
	· 학생들은 먼저 일본 정부, 한국 정부로 나눠 토론을 진행한다. 최초 진행 시 학생들 대부분 한국 측
	  입장을 선호하므로 교사가 임의로 배정할 수 있다.
	· 원활한 토론이 될 수 있도록 토론에 대하여 능력이 떨어지는 모둠으로 구성되는 것을 방지하여 편성
	  한다.
	· 모둠 내에서 극단적인 경험을 하려는 취지가 있으므로 입장을 바꿔 일본 측 주장에 몰입할 수 있도록
	  교사가 자극할 필요가 있다.
	· 토론 학습지를 만들어 토론이 끝난 다음 논리 구조를 분석하게 하고 논리 구조가 충실한 주장으로 모
	  둠의 주장을 정리한다.
	· 한국 측 주장 및 일본 측 주장으로 정리된 모둠을 전체 앞에서 발표를 통해서 다시금 생각해보는 시
	  간을 가질 수 있다.
	· 자기 평가지 및 모둠 평가지를 제공하여 잘한 점과 아쉬운 점을 분석한다.
	· 깊이 있는 토론 수업인 경우 2차시를 통해 진행할 수 있다.		

7 교수·학습과정안 (1~2차시)

단원명	Ⅲ. 근·현대기의 독도 2. 러·일전쟁과 일본의 독도 침탈	활동 주제	Pro-Con 협동학습
학습 목표	· 일본의 주장에 대하여 논리적인 근거로 반박할 수 있다. · 근현대 시기의 일본의 독도 침탈에 대해 설명할 수 있다.		

◉ 도입: 10분

[동기 유발]

일본 외무성의 독도 영유권 주장 관련 동영상을 검색한다.

· 유튜브 또는 네이버 동영상 검색에 접속하여 "竹島 동영상"을 검색한다.

· 일본 동영상을 보며 느낀 점을 발표한다.

일본 외무성의 독도 영유권 주장 동영상

일본 외무성 또는 시마네 현 독도 영유권 주장 한글 홈페이지에 접속하여 일본 정부 주장 홍보물을 제시한다.

• 구글 크롬 또는 네이버에 접속하여 "竹島 홈페이지"를 검색한다.

• 일본 팸플릿을 보며 느낀 점을 발표한다.

시마네 현 독도 관련 홈페이지

일본 외무성 한국어 팸플릿(2008년 2월 발행)

[수업 목표 확인 및 학습 안내하기]

수업 목표

· 일본의 주장에 대하여 논리적인 근거로 반박할 수 있다.

· 근현대 시기의 일본의 독도 침탈에 대해 설명할 수 있다.

학습 안내

· [1단계] 소집단 내 미니 소집단 구성: 한국정부 VS 일본정부

· [2단계] 미니 소집단 내 발표: 입장 정리, 근거 찾기, 전략 구성

· [3단계] 미니 소집단별 토론: 짝토론 진행(한국 VS 일본)

· [4단계] 미니 소집단의 입장을 바꾸어 토론: 짝토론 진행(일본정부 VS 한국정부)

· [5단계] 소집단의 의견 종합 정리

· [6단계] 전체 발표 진행: 한국 측 입장 모둠, 일본 측 입장 모둠

· [7단계] 자기 평가 및 동료 평가, 정리

토론 수업의 주의사항 안내

· 주제에 대해 충분히 연구하여 주장하고자 하는 것을 충분히 알고 있어야 한다.

· 강압보다는 설득으로 문제에 접근해야 한다.

· 이길 때도 있지만 질 때도 있음을 알고 너그러운 승자와 명예로운 패자가 될 수 있음을 이해한다.

· 내가 지지하는 편에 유리한 최선의 논의를 한다.

· 바른 자세로 앉아서 서로의 토론에 주의 집중한다.

· 일본 정부의 입장 순서에서는 일본 외무성 대표가 되었다고 가정하고 토론에 임한다.

· 정확한 용어를 사용하며 상대방을 존중하는 언어를 사용한다.

· 어렵거나 애매한 용어는 분명한 개념 정의를 하고 사용한다.

· 상대방의 주장과 근거를 충분히 듣고 반론을 제기한다.

· 의견은 다르지만 상대방의 권리를 존중해야 한다.

· '토론에서 이기고 친구를 잃는다'는 말처럼 감정적인 발언을 배제하고 토론의 목적에 유의해서 수업에 참여한다.

◉ 전개(1, 2단계): 5분

[활동 1, 2] 소집단 내 미니 소집단을 구성하고 미니 소집단 내 발표시간을 부여한다.

－교사는 학생들의 사전 준비 상태를 확인하고 모둠별로 모둠장이 진행하고 서로 협력하며 본인의 수행 과제를 진행할 수 있도록 지도한다.

－학습지를 제공하여 스스로 생각하고 개인 의견 및 소집단 의견을 정리할 수 있도록 지도한다.

－교사는 순회하며 학생들을 격려하고 학습자들이 과제 수행에 몰입할 수 있도록 돕는다.

－학생들은 일본 정부 입장을 선호하지 않으므로 교사가 개입하여 1:1로 나눠서 구성할 수 있다.

－학생들이 일본 외무성의 대표라는 극단적인 경험을 할 수 있도록 지도한다.

☞ 사회교과교실, 토론실에서 진행하면 더 원활히 진행할 수 있다.

☞ 교실에서 진행해야 한다면 한국 정부 측과 일본 정부 측 학생들이 마주 보면서 진행할 수 있도록 자리를 배치한다. 이 수업은 토론수업에서 일부 학생들만이 발언권을 독점하는 형태를 방지하고 모두가 발언하고 상대방의 의견을 들을 수 있는 장점이 있다.

☞ 토론수업이 익숙하지 않은 학생들이 많으므로 짝토론 중 중점사항에 대해서 다시 안내한다.

◉ 전개(3, 4단계): 20분

[활동 3] 1:1로 마주 보며 짝토론을 진행한다.

[활동 4] 역할을 바꿔 1:1로 마주 보며 짝토론을 진행한다.

－교사는 시간을 안내하여 원활한 토론이 진행될 수 있도록 지도한다.

－학생들은 한 번은 한국 정부 대표가 되어서, 한 번은 일본 정부 대표가 되어서 토론에 참여하도록 한다.

－논리적이고 실증적인 근거에 의해서 토론이 진행될 수 있도록 지도한다.

☞ 학생들은 한국 정부, 일본 정부의 입장에서 논리적인 근거를 찾으며 짝토론을 통해 소외되는 학생이 없이 수업에 참여할 수 있다.

－독도가 한국땅임을 감정적인 근거가 아닌 논리적인 근거에서 주장할 수 있는 경험을 할 수 있다.

짝토론 수업 장면

● 전개(5, 6단계): 10분

[활동 5] 모둠원들 모두 의견을 공유하고 소집단 의견을 정리한다.

[활동 6] 한국 정부, 일본 정부 1개 모둠씩 발표를 하고 생각을 공유한다.

－교사는 시간을 안내하여 원활한 토론이 진행될 수 있도록 지도한다.

－학생들은 논리적인 주장과 근거가 있었던 입장으로 집단의 의견을 정리한다.

－미리 나눠준 학습지에 의견을 정리하며 토론의 과정에 대해서 생각해보고, 성찰의 기회를 가진다.

－만장일치를 통해 의견을 정리하는 것을 원칙으로 하나 시간이 부족한 경우 다수결로 의견을 정리하고 발표자는 소수의견도 소개하여 발표를 진행한다.

☞ 모둠 대부분이 한국 정부의 입장으로 의견이 일치할 것이다. 이에 일본 정부 입장에서 진행한 학생들의 느낀 점과 의견을 들어볼 기회를 제공할 수 있다.

☞ 일본 정부의 입장 혹은 일본 정부로 소수 의견을 제시한 학생들이 놀림의 대상이 되지 않도록 교사는 주의하여 안내한다. 어떤 근거로 그 모둠원과 학생이 일본 정부의 주장에 동의하는지에 대하여 같이 생각해보고 주의를 가질 수 있도록 지도한다.

☞ 학생들은 일본 정부의 입장을 조사하고 그 입장에서 발표하며 그들의 근거에 대해 논리적으로 반박하고 또한 한국의 영유권에 대한 주장을 근거에 입각하여 주장할 수 있다.

모둠별 협동 학습 장면

◉ 정리: 5분

정리 및 차시 학습을 예고한다.

－자기 평가 및 모둠 평가를 진행하고 수업에 대해 생각해보는 시간을 가진다.

－대립 토론에 참여할 사회자, 한국 정부, 일본 정부 대표를 선정하고 준비할 사항을
안내한다.

－차시 학습: 독도 영유권 3:3 대립 토론(한국 외교통상부 장관, 역사학자, 지리학자
VS 일본 외무성 장관, 역사학자, 지리학자)

독도 Pro-con 토론 학습지

20 **년 월 일**

조명		학번 / 성명	
목표			

짝토론 활동 내용		한국 정부	일본 정부
	주요 발표 내용	1. 2. 3.	1. 2. 3.
	주요 질의 사항	1. 2. 3.	1. 2. 3.
	의문이 있는 사항		
모둠 토론 활동	(만장일치한 입장) (소수 의견)		

독도 Pro-con **토론 학습지**

조명		작성자	
목표			

자기 평가	☆☆☆☆☆(오늘의 평가: 개) 잘한 점: 아쉬운 점: 느낀 점:
조별 평가	☆☆☆☆☆(오늘의 평가: 개) ☞ 우리 집단은 모두가 필요할 때 어느 정도 참여를 했는가? ☞ 모둠원들은 토론 활동에서 발견한 것을 어떤 식으로 공유하였는가? ☞ 성공적인 모둠 활동에 기여한 행동은 무엇이었는가? ☞ 성공을 제한하게 한 문제 행동은 무엇인가? ☞ 모둠에서 가장 헌신한 사람은 누구인가? 이유는?

한국의 아름다운 섬 독도가 우리 땅인 이유 알아가기!

| 1 | 단원명 |

III	근·현대기의 독도

| 2 | 단원의 개관 |

이 단원에서는 울릉도와 독도를 둘러싼 근·현대 시기 한일 양국의 갈등을 역사적으로 살펴본다. 일본의 에도막부가 울릉도와 독도가 조선 영토라는 것을 공식적으로 인정했음에도 불구하고, 제국주의적 팽창을 추구하던 일본의 메이지 정부가 러·일전쟁을 전후하여 증대된 군사적, 어업적 필요성을 충족시키기 위해 독도를 자국 영토로 편입하는 조처를 하는 과정을 파악한다. 이후 일본은 러·일전쟁을 앞두고 울릉도와 독도에 군사시설을 설치하였으며, 급기야 1905년에는 독도를 자기 나라 땅으로 편입하고 '다케시마'라고 이름 지었다. 이러한 과정에서 독도 영유권에 관한 근거를 찾아보도록 한다.

| 3 | 단원의 구성 |

소단원	주요 학습 내용	학습 활동	주제 분류
1. 독도 개척과 | 대한제국 칙령 제41호	·독도 개척 활동 ·대한제국 칙령 분석 ·대한제국기의 울릉도와 독도	근대 시기의 울릉도와 독도에 대한 영유권 확보 활동과 개척활동을 파악할 수 있다.	독도의 영유권
2. 러·일전쟁과 일본의 독도 침탈	·러·일전쟁과 독도의 군사전략적 가치 ·나카이 요사부로의 량코도 영토 편입 ·일본의 독도 편입 고시 ·심흥택 보고서	러·일전쟁을 전후하여 독도의 군사전략적 가치에 주목한 일본이 독도의 강치 어업을 독점하고자 했던 나카이 요사부로의 요청을 근거로 독도를 '주인 없는 섬'으로 규정하고 일본 영토로 편입하는 과정을 살펴보고, 대한제국 정부의 대응을 알아본다.	일본의 독도 편입과 대한제국의 대응
3. 광복 이후의 독도와 독도 수호를 위한 우리의 노력	·샌프란시스코 강화조약의 내용 ·연합국 사령관 각서 제1033호 ·평화선의 의미 ·독도 수비대의 활동	제2차 세계대전 이후 연합국의 처리 과정에서의 독도 영유권의 인정 및 광복 이후 독도 영유권을 지키기 위한 활동을 알아본다.	독도의 영유권

4 수업 모형 선정 이유

이 단원을 종합하여 정리하며 이전 Pro-Con 수업과 연계하여 토론 수업을 진행할 수 있다. 학급의 학생 수가 많은 현실에서 모든 학생이 토론 수업에 참여하는 것은 한계가 있다. 그래서 Pro-Con 수업에서 한국과 일본의 입장을 이해하고 짝토론을 통해 의사소통의 과정을 경험할 수 있도록 했다. 이제는 조금 더 나아가 토론에 능한 학생들을 선발하여 3:3 토론을 진행하고 다른 학생들은 방청객이 되어 학생들이 토론하는 과정을 지켜보며 학습을 하는 수업을 진행하였다. 토론 수업은 많은 유형이 존재한다. Debate 방식, 100분 토론 방식, CEDA 토론 수업, 배심 토의, 법리 모형 등 다양한 형태의 토론 수업 모형이 존재한다. 교사는 학교급 및 학생 수준을 고려하여 모형을 선택하고 응용하여 토론 수업을 진행할 수 있다. 여기서는 Debate 방식을 응용하여 3:3 토론을 적용해보고자 한다. 토론에 임하는 학생들뿐만 아니라 방청객인 학생들도 독도 영유권에 관한 일본 측의 주장을 경험하면서 독도가 우리나라 땅임을 논리적으로 경험하고 이에 대한 근거를 찾아보면서 합리적인 주장을 할 수 있을 것이다.

5 수업 모형 절차

⦿ Debate 토론

1단계	토론 준비 단계
2단계	찬성 발제
3단계	반대 발제
4단계	1차 작전 타임
5단계	찬성 측 1차 논박
6단계	반대 측 1차 논박
7단계	2차 작전타임
8단계	찬성 측 2차 논박
9단계	반대 측 2차 논박
10단계	반대 측 정리
11단계	찬성 측 정리
12단계	토론 정리

출처: 정문성(2011), 『토의·토론 수업방법 46』, 교육과학사, p.200

단원명	Ⅲ. 근·현대기의 독도 3. 광복 이후의 독도와 독도 수호를 위한 우리의 노력	소요 차시	1차시
학습 목표	·일본의 주장에 대하여 논리적인 근거로 반박할 수 있다. ·근현대 시기의 일본의 독도 침탈에 대해 설명할 수 있다. ·독도가 한국 영토인 근거를 설명할 수 있다.		
수업 형태	Debate 토론 수업		
준비물	토론 학습지, 토론 평가지		
중점 사항	·토론수업에 익숙하지 않은 한국의 교실문화에서 수업에 앞서서 토론수업의 중점사항 및 규칙에 대해 충분히 설명하고 안내한다. ·3:3 토론이 아닌 토론에 참여하는 학생 수를 늘려 진행할 수 있다. ·이 수업에서는 학생들의 역할을 정부 대표, 역사학계, 지리학계로 나눠 선택하여 책무성을 강화하였지만, 역할을 부여하지 않고 한국 측, 일본 측으로 나눠 학생들이 스스로 전략을 짜고 역할을 분배하는 방법도 가능하다. ·토론 진행 시 학생들이 대부분 한국 측 입장을 선호하므로 교사가 임의로 배정할 수 있다. 모둠을 구성하는 경우 균형 있고 긴장감이 있는 토론이 될 수 있도록 실력이 비슷하게 구성될 수 있도록 사전에 지도해야 한다. ·원활한 토론이 될 수 있도록 사회자를 교사가 맡아 진행할 수 있다. 다만 학습의 효과를 높이기 위해 사회자를 공모하여 진행하는 법이 타당할 수 있다. ·학생이 사회자를 하는 경우 사회자에 대해서 사전 안내와 교육이 필요하다. 토론 프로그램을 사전에 시청하게 하고 안내 자료를 배부하고 교육을 해야 한다. ·토론 학습지를 만들어 방청객에 배부하여 방청객도 토론에 충실히 참여할 수 있도록 한다. ·토론 평가지를 제공하여 잘한 점과 아쉬운 점을 분석한다. ·영상 촬영이 가능하다면 영상을 촬영하고 모니터링을 하면서 차시 학습 시간에 토론 내용뿐만 아니라 태도 등 여러 영역에서 같이 생각해보는 시간을 가질 수 있다. ·심도 깊은 토론 수업을 진행할 경우 2차시를 통해 진행할 수 있다.		

단원명	Ⅲ. 근·현대기의 독도 3. 광복 이후의 독도와 독도 수호를 위한 우리의 노력	활동 주제	Debate 토론 수업
학습 목표	·일본의 주장에 대하여 논리적인 근거로 반박할 수 있다. ·근현대 시기의 일본의 독도 침탈에 대해 설명할 수 있다. ·독도가 한국 영토인 근거를 설명할 수 있다.		

◉ 도입: 5분

[동기 유발]

지난 시간 수업한 장면이나 동영상을 편집하여 보여준다.

·우수한 태도를 보였던 학생을 보여주며 토론의 태도에 대해 생각해볼 수 있다.

[수업 목표 확인 및 학습 안내하기]
사회자, 토론자, 방청객 유의사항을 안내하고 수업에 대해 안내한다.
방청객들에게 토론 학습지를 배부하고 작성법을 안내한다.

수업 목표
• 일본의 주장에 대하여 논리적인 근거로 반박할 수 있다.
• 근현대 시기의 일본의 독도 침탈에 대해 설명할 수 있다.
• 독도가 한국 영토인 근거를 설명할 수 있다.

토론 수업의 주의사항 안내
• 주제에 대해 충분히 연구하여 주장하고자 하는 것을 충분히 알고 있어야 한다.
• 강압보다는 설득으로 문제에 접근해야 한다.
• 이길 때도 있지만 질 때도 있음을 알고 너그러운 승자와 명예로운 패자가 될 수 있음을 이해한다.
• 내가 지지하는 편에 유리한 최선의 논의를 한다.
• 바른 자세로 앉아서 서로의 토론에 주의 집중한다.
• 일본 정부의 입장 순서에서는 일본 외무성 대표가 되었다고 가정하고 토론에 임한다.
• 정확한 용어를 사용하며 상대방을 존중하는 언어를 사용한다.
• 어렵거나 애매한 용어는 분명한 개념 정의를 하고 사용한다.
• 상대방의 주장과 근거를 충분히 듣고 반론을 제기한다.
• 의견은 다르지만 상대방의 권리를 존중해야 한다.
• '토론에서 이기고 친구를 잃는다'는 말처럼 감정적인 발언을 배제하고 토론의 목적에 유의해서 수업에 참여한다.

◉ 전개(토론 진행): 40분
−사회자는 중간중간 시간을 안내하여 원활한 토론이 진행될 수 있도록 지도한다.
−방청객들은 토론 학습지를 작성하며 토론에 집중하며 참여한다.
☞ 토론에 임하는 학생들은 각자의 역할에 대해 충실한 이해가 필요하며 특히 상대측의 질문 및 논거에 대한 반박을 준비해야 한다. 다만 토론이 진행되면 규칙을 정

해 사전에 메모한 노트는 보지 않는 것으로 하는 것이 적절하다. 토론 수업에 익숙하지 않은 한국 교실의 상황에서 대부분의 학생이 노트를 보며 토론에 임할 수 있는데, 이런 경우 토론의 몰입도가 떨어지게 된다.

☞ 학생들은 정부 대표, 지리학자, 역사학자가 되어 한국, 일본의 입장에서 논리적인 근거를 찾으며 토론에 참여할 것이다. 방청객들도 토론에 참여하는 학생들의 말하기와 듣기의 의사소통 과정을 통해 내용 지식뿐만 아니라 다양한 영역의 학습을 할 수 있다.

☞ 독도가 한국땅임을 감정적인 근거가 아닌 논리적인 근거에서 주장할 수 있는 경험을 할 수 있다.

토론 진행(예시)

1단계	토론 진행 – 사회자(1분)
2단계	찬성 발제(2분)
3단계	반대 발제(2분)
4단계	1차 작전 타임(3분)
5단계	찬성 측 1차 논박(5분)
6단계	반대 측 1차 논박(5분)
7단계	2차 작전타임(3분)
8단계	찬성 측 2차 논박(5분)
9단계	반대 측 2차 논박(5분)
10단계	반대 측 정리(2분)
11단계	찬성 측 정리(2분)
12단계	방청객 질의응답(5분)

☞ 토론은 규칙이 있어야 한다. 그런 점에서 사전에 진행 과정과 규칙에 대해 논의하고 숙지가 되어 있어야 한다. 다만 여러 토론 수업의 모형을 원형 그대로 적용하지 않고 교실의 상황에 맞게 적용할 수 있다. 예를 들어, 작전타임의 시간을 부여하지 않을 수도 있다. 또한 시간만 정확하게 양측에 부여하며 자유롭게 토론을 진행할 수 있다. 토론의 순서 및 시간은 교실에서 정해진 규칙하에서 자유롭게 응용하여 적용할 수 있다.

3:3 Debate 토론 수업 장면

일본 측 예상 주장 및 질문(예시)

한국 역사학자 이름: ○○○

일본은 오래전 옛날부터 다케시마의 존재에 대해 인식했었다.

한국이 옛날부터 다케시마를 인식하고 있다는 근거는 없다.

한국 측이 주장하는 안용복의 진술 내용에 의문점이 든다.

샌프란시스코 평화조약 기초과정에서 한국은 일본이 포기해야 할 영토에 다케시마를 포함하도록 요구했지만, 미국은 다케시마가 일본의 관할하에 있다고 하여 이 요구를 거절했다.

◉ 전개(방청객 질의 및 응답): 5분

−사회자는 토론을 정리하고 방청객의 질문을 받도록 한다.

−방청객은 의문이 생기는 사항에 대하여 예의를 갖추고 질문을 하도록 한다.

☞ 방청객들은 토론에 직접 참여하지 않으므로 태도가 산만해질 수 있고 학습의욕이 떨어질 수 있다. 사전에 배부한 토론 학습지에 토론의 주요 내용과 흐름을 정리하게 하고 질의 및 응답의 기회를 제공하여 참여도를 높일 수 있다.

☞ Debate는 승패를 분명히 하여 결과를 알려주는 토론이다. 다만 여러 가지 토론 모형을 적용하는 경우 승, 패를 명확히 부여하는 방식에 대해서는 여러 가지를 고려하여 적용할 수 있다. 승, 패를 알려주는 방식이 학생들에게 도움이 되지 않는다고 생각하면 생략할 수 있다.

◉ 정리: 5분

정리 및 차시 학습을 예고한다.

−토론 평가를 진행하고 수업에 대해 생각해보는 시간을 가진다.

−느낀 점을 발표하고 소감문을 과제로 부여할 수 있다.

☞ 토론 수업으로 끝나지 않고 영상이나 사진을 보여주며 다시금 토론의 과정에 대해 생각해보는 성찰의 시간을 가질 수 있다. 이 과정을 통해 학생들의 반성적 사고의 향상을 기대할 수 있다.

독도 Debate **토론 학습지**

20 년 월 일

조명		학번/성명	
목표			

토론 활동 내용		한국	일본
	주요 발표 내용	1. 2. 3.	1. 2. 3.
	주요 질의 사항	1. 2. 3.	1. 2. 3.

방청객 질의응답	나의 의문 나는 점은? 친구들의 질문은?

독도 Debate **토론 평가지**

20 년 월 일

조명		작성자	
목표			
전체적 진행 평가	☆☆☆☆☆(오늘의 평가:　　개) 잘한 점: 아쉬운 점: 느낀 점:		
사회자 ○○○ 평가	☆☆☆☆☆(오늘의 종합 평가:　　개) · 참여를 극대화할 수 있도록 했는가? 5, 4, 3, 2, 1 · 토론을 균형감 있게 진행했는가? 5, 4, 3, 2, 1 · 시간관리를 잘했는가? 5, 4, 3, 2, 1 · 중립을 지키고 진행했는가? 5, 4, 3, 2, 1 · 중요한 요점을 정리하여 제시했는가? 5, 4, 3, 2, 1 · 지나치게 독단적이었는가? 5, 4, 3, 2, 1 · 주제에서 벗어난 경우 이를 제지하였는가? 5, 4, 3, 2, 1		
토론자 ○○○ 평가	☆☆☆☆☆(오늘의 종합 평가:　　개) · 정확하고 알아듣기 쉬운 목소리였는가? 5, 4, 3, 2, 1 · 생각을 잘 정리하고 발표했는가? 5, 4, 3, 2, 1 · 잘 경청하고 존중하는 태도였는가? 5, 4, 3, 2, 1 · 토론의 규칙을 잘 준수했는가? 5, 4, 3, 2, 1 · 감정에 치우치지 않았는가? 5, 4, 3, 2, 1 · 창의성을 발휘했는가? 5, 4, 3, 2, 1 · 협동, 팀워크를 발휘했는가? 5, 4, 3, 2, 1		

독도 Debate **토론 소감문**

20 **년 월 일**

조명		학번/성명	

이번 토론 수업은 대한민국의 영토인 독도에 대해 자세히 알아보고 가슴으로 느껴보는 재미있는 수업이었다. 교실 내에서 지리, 역사, 일반사회, 국어 교과에서 교실에서 따로 배우는 독도 학습이 아닌 통합적으로 독도를 중심으로 아이들과 함께 토론하며 독도의 소중함을 느끼는 수업이라는 점에서 독특했다. 한국팀과 일본팀으로 나뉘어 사전에 준비한 자료를 토대로 하여 토론을 진행했다. 처음에 일본팀이라서 실망했던 아이들도 일본의 논리와 근거가 많음에 놀라워했다. 디베이트 토론의 결과는 우리 한국의 패배였다. 토론을 진행하며 조원들과 협력하고 또한 상대방의 의견을 경청하는 경험을 해봤다. 또한 한국팀의 패에서 알 수 있듯 일본 측의 논리와 주장에 대한 우리들의 근거와 대책에 대한 앎의 부족을 느낄 수 있었다.

특히 일본 측이 한국이 영유권을 주장하면서도 이를 알리기 위해 하고 있는 활동이 많지 않음을 지적하는 점에 가슴이 아팠다. 아이들은 이번 토론을 통해 독도에 대한 애정을 느꼈다고 소감을 밝혔고 독도에 대한 지식을 넓히는 계기가 되었다고 했다.

천안에서 독도까지 거리는 매우 멀리 떨어져 있지만, 선생님과 오늘 수업을 함께한 40명의 아이들은 오늘 하루만큼은 독도가 멀리 있지 않음을 느꼈다. 외로운 섬 하나 독도가 아닌 우리 옆에서 같이 있고 지켜나가야 할 독도로 다시금 우리 가슴으로 이해하는 시간이었다.

얘들아! 우리 땅 독도를 부탁해!

SMART야! 우리 땅 독도를 부탁해!

1 단원명

Ⅳ	독도의 현재와 미래

2 단원의 개관

이 단원에서는 동해 표기와 독도를 둘러싼 현대의 한일 양국의 갈등을 종합적으로 살펴본다. 또한 독도의 가치에 대하여 알아보고 동아시아의 평화적 의미도 학습하게 된다. 독도를 지키기 위한 현대 우리의 모습을 돌아보며 독도를 지키기 위해 우리가 할 수 있는 일에 대하여 고민을 해보는 시간을 가질 수 있다. 이렇게 독도에 대하여 현재와 미래에 대해 고민하고 한일 관계에서 미래지향적이고 평화적인 관계를 설정할 수 있는 방안을 찾아보도록 한다.

3 단원의 구성

소단원	주요 학습 내용	학습 활동	주제 분류
1. 독도의 가치	·독도의 경제적, 환경적, 평화적 가치 ·동아시아 국제 관계의 가치	독도의 현재와 미래 가치에 대하여 종합적인 면에서 살펴보며 독도의 소중함을 느낀다.	독도의 가치
2. 독도 수호를 위한 우리의 노력	·독도에 살고 있는 현재 주민 ·독도의 시설물과 수비대의 역할 ·독도를 지키기 위한 정부, 시민단체의 활동	독도를 지키기 위해 활동하고 있는 사람들을 알아보고, 정부와 시민단체의 활동을 보며 지금 여기에서 독도를 지키기 위해 할 수 있는 활동을 고민해본다.	독도의 영유권
3. 독도와 한일 관계	·일본의 다케시마 교육의 확대와 홍보 ·한국의 조용한 외교와 독도교육 ·한일 관계의 평화적 정착	일본의 다케시마 교육의 확대와 국외 홍보 강화에 대하여 이유와 이에 대한 대응 방안을 모색해보고 독도를 지키며 앞으로 한일관계를 평화적으로 구성해 나가는 방안을 모색해본다.	한일 평화적 관계

4 수업 모형 선정 이유

이 단원은 독도의 현재와 미래를 다루고 있으며 특히 독도에 대하여 교육을 강화하고 국외 홍보를 확대하는 일본에 대응하여 우리의 역할을 고민하고 실천을 모색해보는 단원이다. 이에 21세기 학습자에게 친숙한 스마트 기기를 활용한 SMART 수업을 적용해봤다. 스마트교육은 21세기 학습자 역량(21 Century Skills) 강화를 위한 지능형 맞춤 학습체제로 교육환경, 교육내용, 교육방법 및 평가 등 교육체제를 혁신하는 동력을 말한다. 좀 더 구체적으로 SMART는 자기주도적(Self-directed) 학습, 흥미로운(Motivated) 학습, 내 수준과 적성에 맞는(Adaptive) 학습으로 풍부한 자료(Resource enriched)와 정보통신기술(Technology embedded)을 기반으로 한다는 의미로 정의 내릴 수 있다.

SMART 수업은 단순한 스마트 기기를 활용하는 것을 넘어서 학생들이 주도적으로 수업에 참여하며 또한 함께 찾아가며 학습하는 교육적 의미를 담고 있어야 할 것이다. 여기서는 SMART 수업을 통해 독도 수호를 위해 우리가 '지금−여기(Now & Here)'에서 할 수 있는 창의적인 방안을 모색해보고 이를 실천하도록 한다.

5 학습단원의 개요

단원명	Ⅳ. 독도의 현재와 미래 2. 독도 수호를 위한 우리의 노력	소요 차시	SMART 수업, 독도 UCC 제작
학습 목표	・독도를 지키기 위한 실행 방안을 모색해볼 수 있다. ・독도 UCC를 제작하여 독도에 대해 홍보할 수 있다.		
수업 형태	SMART 수업 (UCC 제작, APP 기획)		
준비물	스마트폰, 스마트 기기, 학습지		
중점 사항	・스마트 수업을 적용하기에 앞서 정보통신 윤리교육이 필요하다. 스마트 기기를 교육적으로 수업에 활용하며 예상되는 문제 행동 및 부정적 행동 사례에 대하여 교사의 교육이 필요하다. ・스마트 수업을 적용하며 학습자의 수준과 교실 상황을 고려하여 적용해야 한다. ・스마트폰의 교육적 활용, 목표, 사용 가능 APP, Web에 대해 교사의 기본적인 이해가 필요하다. 주위의 많은 사례와 연수 자료가 있는 만큼 기본적인 활용에 대하여 고민을 하고 수업에 적용한다. ・영상을 편집하는 단계에서는 어느 정도 능력이 있는 학생이 필요해 보인다. 이를 적용하여 영상 편집 능력이 있는 학생들을 중심으로 모둠을 구성할 수 있다. 평소 학습 위주의 교육에서 소외되었던 학생들에게 모둠장의 기회를 제공하고 다양한 방면에서 가능성이 있는 학생들의 참여를 높일 수 있다. ・사전에 모둠을 구성하고 조별 과제를 구상하고 실행해도 1차시에서 유의미한 결과를 얻기는 어렵다. 과제를 부여하는 방안으로 제작할 수도 있으나, 2~3차시에 걸쳐 진행할 수도 있다.		

| 6 | 교수·학습과정안 (2차시) |

단원명	Ⅳ. 독도의 현재와 미래 2. 독도 수호를 위한 우리의 노력	활동 주제	독도 모형 만들기
학습 목표	·독도를 지키기 위한 실행 방안을 모색해볼 수 있다. ·독도 UCC를 제작하여 독도에 대해 홍보할 수 있다.		

◉ 도입: 5분

[동기 유발]

모비즌(mobizen) APP을 활용하여 교사의 스마트폰으로 토론 수업의 영상을 보여준다.

· 우수한 태도를 보였던 학생을 보여주며 협동 학습의 태도에 대해 생각해볼 수 있다.

· 모비즌을 통해 "독도 Live"로 독도의 지금 현재 모습을 보여준다. 느낀 점을 발표해 본다.

모비즌 APP을 통해 연결선 없이 스마트 기기로 TV와 연결하기

[수업 목표 확인 및 학습 안내하기]

사전에 학생들의 수준과 희망을 받은 모둠으로 구성되어 있는지 확인한다.

소외되는 학생이 없도록 사전에 충분한 시간을 두고 모둠을 구성한다.

수업 목표

· 독도를 지키기 위한 실행 방안을 모색해볼 수 있다.

· 독도 UCC를 제작하여 독도에 대해 홍보할 수 있다.

스마트 수업의 주의사항 안내

· 스마트 기기를 과제에 대해서만 활용하며 게임, SNS, 단순 정보 검색을 하지 않는다.

· 선생님이 제지하고 주의를 하는 경우 사용을 중지하고 선생님 주의 사항에 집중한다.

· 수업의 목표와 모둠의 목표에 대해 생각해보고 스마트 기기를 활용한다.

☞ 교실에 학생들이 많은 현실에서 모든 학생이 스마트폰을 가지고 수업에 참여하는 것에 대해 고민해볼 수 있다. 즉 조별로 1~2대의 스마트 기기를 활용하여 수업을 진행할 수 있다.

◉ 전개(UCC 기획 및 제작): 40분

－학생의 희망과 재능을 고려하여 구성된 모둠을 확인한다.

－소외되는 학생이 없도록 주의하여 모둠을 구성한다.

－모둠장의 진행하에 역할을 분담하고 각자의 과제에 대해 모둠별로 수행한다.

－독도 UCC 제작팀(플래시몹, 한글·영어·일본어 홍보 영상, 애니메이션 영상, 공익 광고 등)은 다양한 방면에서 UCC를 제작해볼 수 있다. 학생들의 선택을 최대한 존중하여 진행한다.

☞ 교사는 모둠 구성에 대해 고민해볼 수 있다. 소외되는 학생이 없이 모둠이 구성될 수 있도록 지도해야 한다.

☞ 독도 UCC 제작은 "주제 설정 ⇨ 스토리보드 작성 ⇨ 촬영(자료수집) ⇨ 편집"의 과정이 필요하다. 이에 대하여 교사는 학습지를 제공하여 모둠 수업을 진행할 수 있다.

☞ UCC 제작 APP은 유료 버전이 많고 사용 기능이 많다. 하지만 교실에서는 될 수 있으면 무료 APP을 추천하여 적용하는 것이 바람직할 것이다. 교사는 UCC 제작 무료 APP을 소개하고 사용법을 안내할 수 있으며, 보조 자료의 형태로 제공할 수 있다.

☞ 동영상을 편집할 때 APP과 함께 무료 동영상 편집기(무비 메이커, 다음 팟인코더

등) 등을 병행하여 진행할 수 있다.

☞ 교사는 모둠을 순회하며 학생들의 창의적인 아이디어와 활동을 장려하고 협력활동
이 잘 이뤄질 수 있도록 격려한다.

☞ 학생들이 영상의 편집 단계에서 많은 어려움을 겪을 수 있으므로 모둠을 구성할
때 영상 편집 능력이 있는 학생들을 분산하여 구성하는 방법이 적절하다. 또한 영
상 편집 능력이 뛰어난 학생들을 통하여 다른 학생들을 가르치게 하는 방법도 활
용할 수 있다.

◉ 정리: 5분

정리 및 차시 학습을 예고한다.

−현재까지 진행과정을 정리하고, 남은 활동을 과제로 부여한다.

−차시 학습까지 충분한 시간을 부여하여 학생들의 부담감을 줄여준다.

☞ 주제 및 스토리보드 작성, 자료 수집을 완료하고, 다음 단계인 영상 촬영, 편집까지
충분한 시간이 필요한 만큼 1주 내외의 시간을 두고 과제로 부여할 수 있다.

☞ 다음 차시에서는 UCC 시연 및 느낀 점을 발표하고 자기 평가 및 동료 평가를 진
행한다.

☞ 영상 도우미 학생들이 있다면 이를 재편집하여 학교의 독도 계기교육 자료로 활용
할 수 있다.

독도 UCC 제작 학습지

20 년 월 일

조명		학번/성명	
목표			
나의 역할은			

1. 독도 UCC 주제

----

2. 독도 UCC에 담고 싶은 메시지

----

3. 독도 UCC 스토리보드(메모지 활용)

1	2	3	4	5

4. 독도 UCC를 만드는 데 필요한 것

----

5. 상상 아이디어 & 메모 & 이미지

독도 UCC 제작 보조자료(1)
포토샵 없이 쉽게 사진 편집하기!

20 **년 월 일**

사진 편집 어플은 이미 많이 출시되어 있으므로 사용자의 목적에 따라 선택하여 사용하는 것이 좋습니다. 대표적인 사진 편집 어플로 PC용 못지않은 다양한 사진 편집 기능을 제공하는 무료 어플인 PicsArt에 대해 살펴보겠습니다. PicsArt는 자르기, 확대 축소 등 기본 사진 편집뿐만 아니라 드로잉 효과, 마법 효과 등의 특수 기능도 제공하여 다양한 결과물을 만들 수 있습니다. PicsArt는 포토샵 같은 편집프로그램과 달리 기본적인 편집 세팅이 되어 있어 자신이 원하는 편집 효과를 선택하여 적용하는 형태로 여러분들도 쉽게 편집할 수 있습니다.

PicsArt 사용 방법

사진을 불러오면 아래 메뉴바에서 편집할 메뉴를 선택하고 세부 효과를 선택합니다. 자신이 희망하는 대로 효과를 조절합니다. 이와 같은 방법으로 자신이 희망하는 다른 효과를 추가로 적용하고 저장하면 결과물이 완성됩니다.

독도 UCC 제작 보조자료(2)
APP으로 웹툰, 애니메이션, 동영상 만들기!

20　년　월　일

스톱모션 애니메이션: 애니메이션 효과 APP

웹툰 카메라: 만화 형식으로 사진 촬영

스톱모션으로 동영상 촬영하기!

스톱모션은 여러 장의 사진을 모아 재미있는 동영상으로 제작하고 쉽게 공유할 수 있는 앱입니다. fps는 1초에 재생되는 프레임 수입니다. 10~12가 부드러운 영상을 구현하는 좋은 설정인 것 같습니다. 하단의 Ready를 클릭해봅시다. 필요한 사진의 화면을 클릭하면 촬영이 됩니다. 큰 움직임으로 사진을 찍기보다는 조금씩 변화를 준 사진을 여러 장 찍어 부드러운 화면 구성으로 촬영하는 것이 좋은 결과물을 얻을 수 있습니다.

독도 UCC 제작 보조자료(3)
동영상 편집하기!

20 년 월 일

컴퓨터 편집하기!

윈도우 무비메이커, 다음 팟인코더 등 무료 동영상 편집을 활용하여 여러분들이 원하는 영상을 편집하고 자막을 넣을 수 있습니다.

APP으로 편집하기!

동영상 어플은 사진 어플에 비해 종류가 적을 뿐만 아니라 주로 유료 어플이 많습니다. Splice는 아이폰 및 아이패드에서 무료로 사용할 수 있는 동영상 편집 어플로 동영상 자르고 붙이기뿐만 아니라 음향 효과, 전환 효과, 경계선 효과 등 다양한 영상 편집 기능을 제공하며 사용법이 대체로 쉬워 여러분들이 사용하기에 유용한 동영상 편집 어플입니다.

Splice 사용 방법

1. 어플 실행 후 [+] 아이콘을 클릭하여 새 프로젝트 이름을 입력합니다.
2. 프로젝트명을 입력하면 세팅 창이 열립니다. 고화질로 감상하려면 HD를 선택하고 웹에 업로드하기에는 용량이 작은 SD를 선택하는 것이 좋습니다.
3. [Border] 메뉴에서 영상 테두리를 선택합니다. 영상의 분위기에 맞는 테두리를 선택하는 것이 좋습니다.
4. [Orientation]에서 Landscape(가로편집), Portrait(세로편집)를 선택합니다. 일반적인 영상에서는 주로 Landscape로 설정합니다.
5. 마지막으로 [Default Transition]에서 화면 전환 효과를 선택합니다.
6. 설정이 끝난 후 [Done]을 누르면 영상 선택 창이 나타납니다. 스마트 기기에 저장된 영상 중 편집할 영상을 고릅니다.

7. 영상 설정과 영상 선택이 끝나면 영상을 편집할 수 있는 화면이 실행됩니다. 선택된 영상 화면에 [+], [✎]가 나타납니다. [+]를 눌러 영상의 앞, 뒤에 사진, 영상, 자막 등을 삽입할 수 있습니다.

8. [✎]를 누르면 영상을 편집할 수 있는 5가지 아이콘이 나타납니다. 편집자의 의도에 따라 영상 자르기, 복제, 삭제 등의 편집을 할 수 있습니다.

9. Splice는 음향 편집 기능도 제공합니다. 화면 위에 있는 [Audio] 버튼을 눌러 음향 편집 창을 활성화시킨 후 음악 및 음향 효과를 추가할 수 있습니다. iPOD Library 또는 기본적으로 제공되는 [Splice Library]에서 영상에 추가할 음악 및 음향 효과를 선택합니다. 영상 편집과 음향 편집이 끝나면 [Preview]를 눌러 영상을 확인하고 이상이 없으면 [Export]를 눌러 출력하면 영상 편집이 완료됩니다. SD설정은 Medium 이하, HD 설정은 High 화질로 선택하여 출력할 수 있습니다.

동영상 공유하기 및 협력 작업하기

사진 및 영상자료의 활용도를 높이기 위해서는 결과물을 여러분들이 공유할 수 공간이 필요합니다. 사진 및 영상자료를 공유하는 방법은 여러 가지가 있는데 크게 유튜브와 같은 영상공유 전문 사이트, N드라이브, 드롭박스와 같은 포털 클라우드서비스, 페이스북, 트위터로 대표되는 SNS를 이용하여 공유할 수 있습니다. 공유하고자 하는 목적에 따라 편리한 방법을 이용하여 공유하면 됩니다. 또한 집에서 서로 의견을 공유하고 작업을 같이하고 싶다면 네이버 오피스, 구글 오피스를 활용하여 같이 의견을 공유하고 웹상에서 스토리보드를 수정하며 협업을 진행할 수 있습니다.

브레인스토밍으로 독도 축제 만들기!

1 단원명

Ⅳ	독도의 현재와 미래

2 단원의 개관

이 단원에서는 동해 표기와 독도를 둘러싼 한일 양국의 갈등을 종합적으로 살펴본다. 또한 독도의 가치에 대하여 알아보고 동아시아의 평화적 의미도 학습하게 된다. 독도를 지키기 위한 현대 우리의 모습을 돌아보며 독도를 지키기 위해 우리가 할 수 있는 일에 대하여 고민해보는 시간을 가질 수 있다. 이렇게 독도에 대하여 현재와 미래에 대해 고민을 하고 한일 관계에서 미래지향적이고 평화적인 관계를 설정할 수 있는 방안을 찾아보도록 한다.

3 단원의 구성

소단원	주요 학습 내용	학습 활동	주제 분류
1. 독도의 가치	· 독도의 경제적, 환경적, 평화적 가치 · 동아시아 국제 관계의 가치	독도의 현재와 미래 가치에 대하여 종합적인 면에서 살펴보며 독도의 소중함을 느낀다.	독도의 가치
2. 독도 수호를 위한 우리의 노력	· 독도에 살고 있는 현재 주민 · 독도의 시설물과 수비대의 역할 · 독도를 지키기 위한 정부, 시민단체의 활동	독도를 지키기 위해 활동하고 있는 사람들을 알아보고, 정부와 시민단체의 활동을 보며 지금 여기에서 독도를 지키기 위해 할 수 있는 활동을 고민해본다.	독도의 영유권
3. 독도와 한일 관계	· 일본의 다케시마 교육의 확대와 홍보 · 한국의 조용한 외교와 독도교육 · 한일 관계의 평화적 정착	일본의 다케시마 교육의 확대와 국외 홍보 강화에 대하여 이유와 이에 대한 대응 방안을 모색해보고, 독도를 지키며 앞으로 한일관계를 평화적으로 구성해 나갈 방안을 모색해본다.	한일 평화적 관계

4	수업 모형 선정 이유

이 단원은 독도의 현재와 미래를 다루고 있으며 특히 독도에 대하여 교육을 강화하고 국외 홍보를 확대하는 일본에 대응하여 우리의 역할을 고민하고 실천을 모색해보는 단원이다. 이에 국내외에 우리의 독도를 알리기 위한 독도 축제, 마케팅을 브레인스토밍(Brain Storming)과 협동학습을 통해 진행해보았다. 브레인스토밍은 매우 다양한 목적에 사용하므로 그 목적에 맞게 절차를 융통성 있게 전개할 수 있다는 장점이 있다. 여기서도 브레인스토밍을 모둠별로 진행하여 적용했다. 브레인스토밍은 Osdorn(1941)이 광고의 아이디어를 창안하기 위해 고안한 방식으로 다양한 아이디어의 발상과 평가를 철저히 분리하여 자유롭게 많은 아이디어를 생성시키려는 것에 목적을 둔다. 이 모형은 학생들의 능력이나 특성과 관계없이 적극적으로 참여를 유도할 수 있고, 매우 우호적인 분위기에서 협력 활동을 진행할 수 있다. 또한 평소에 발표 능력이 부족하고 모둠 활동에서 소외된 학생들을 참여시킬 수 있다.

5	학습단원의 개요

단원명	Ⅳ. 독도의 현재와 미래 2. 독도 수호를 위한 우리의 노력	소요 차시	1차시
학습 목표	•독도를 지키기 위한 실행 방안을 모색해볼 수 있다. •독도 축제를 기획하고 이를 발표할 수 있다.		
수업 형태	브레인스토밍, 협동학습		
준비물	학습지, 우드락, 칼, 네임펜, 풀, 가위, 색종이, 잡지		
중점 사항	•브레인스토밍을 적용하기에 앞서 원칙을 알려주고 학생들의 참여도를 높일 수 있도록 한다. •자유롭고 허용적인 분위기에서 활동이 이뤄질 수 있도록 격려하고 지도한다. •사전에 준비물을 안내하여 모둠 활동이 원활하게 이뤄질 수 있도록 한다. •모둠별로 발표 자료를 만든 후 발표 학습을 통해 아이디어를 공유하는 시간을 가질 수 있다. •완성된 작품을 전시하여 독도 계기교육의 자료로 활용할 수 있다.		

6	교수·학습과정안 (2차시)

단원명	Ⅳ. 독도의 현재와 미래 2. 독도 수호를 위한 우리의 노력	활동 주제	브레인스토밍, 협동 학습
학습 목표	•독도를 지키기 위한 실행 방안을 모색해볼 수 있다. •독도 축제를 기획하고 이를 발표할 수 있다.		

◉ 도입: 5분

[동기 유발]

우리 지역의 축제 영상을 편집하여 보여준다.

· 우리 지역의 축제를 보여주고 이에 대해 느낀 점을 발표한다.

· 한국의 대표적인 축제 3개 이상에 대해 발표해보고, 왜 대표적인 축제인지 생각한 점을 발표해본다.

· 한국의 독도의 날이 언제인지 아는 학생들을 물어본다.

☞ 독도의 날을 물어보며 수업의 동기를 촉진할 수 있고, 독도 축제를 만들어 보며 독도의 날을 되돌아볼 수 있다.

[수업 목표 확인 및 학습 안내하기]

사전에 학생들의 수준과 희망을 받은 모둠으로 구성되어 있는지 확인한다.

소외되는 학생이 없도록 사전에 충분한 시간을 두고 모둠을 구성한다.

수업 목표

· 독도를 지키기 위한 실행 방안을 모색해볼 수 있다.

· 독도 축제를 기획하고 이를 발표할 수 있다.

브레인스토밍의 4원칙 안내

· 비판금지: 어떤 제안에 대해서도 평가를 해서는 안 된다.

· 자유분방: 엉뚱하거나 비현실적인 아이디어라 할지라도 모두 환영한다.

· 수량추구: 아이디어는 많으면 많을수록 좋다.

· 결합개선: 타인의 아이디어에 편승하여 새로운 아이디어로 발전시키는 것을 환영한다.

◉ 전개(브레인스토밍 및 모둠 발표자료 완성): 20분

－소외되는 학생이 없도록 주의하여 모둠을 구성한다.

－자유롭게 독도축제에 대한 아이디어를 내고 이에 대하여 기록한다.

－기록된 아이디어를 종합하여 독도 축제에 대한 기획안을 작성한다.

－기획안을 바탕으로 우드락에 독도 축제 방안을 만들어 본다.

☞ 교사는 모둠 구성에 대해 고민해볼 수 있다. 소외되는 학생이 없도록 모둠이 구성될 수 있도록 지도해야 한다.

☞ 교사는 모둠을 순회하며 학생들의 창의적인 아이디어와 활동을 장려하고 협력활동이 잘 이뤄질 수 있도록 격려한다.

☞ 정보 검색을 위해 스마트 기기의 사용을 허용할 수 있다. 스마트 기기의 활용이 모둠 활동에 방해되지 않도록 주의 사항을 교육한다.

모둠별 협력 활동

● 전개(조별 독도 축제, 마케팅 발표): 20분

－조별로 작품과 함께 조사한 내용을 요약 발표한다.

－모둠별 발표 시 집중할 수 있도록 지도한다.

☞ 교사는 모둠별 발표 순서를 안내하고 격려하는 분위기에서 발표가 진행될 수 있도록 지도한다. 내용적 지식이 많이 필요하지 않으므로 평소 모둠 발표 학습에서 소외된 학생들을 전체 발표로 이끄는 것도 좋은 방법이다.

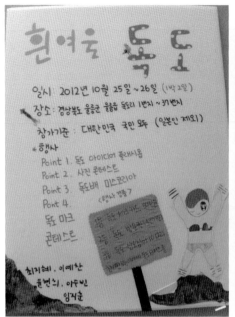

독도축제 기획 작품

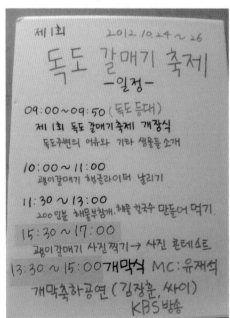
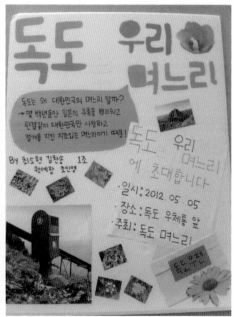

독도축제 기획 작품

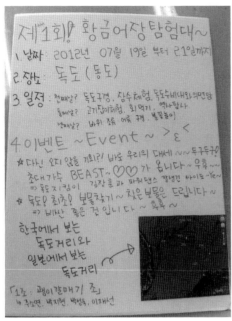

독도축제 기획 작품

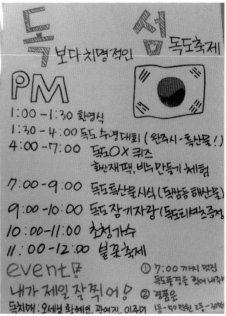

독도축제 기획 작품

 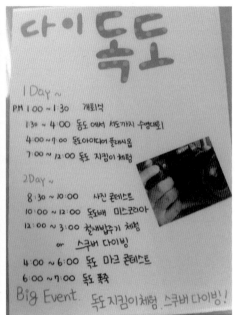

독도축제 기획 작품

◉ 정리: 5분

정리 및 차시 학습을 예고한다.

－조별 작품을 감상하고 자기 평가를 진행한다.

－모둠 활동에 대한 조별 평가를 진행한다.

－전체 작품을 전시하고 스티커를 활용하여 우수 작품을 선정한다.

독도 축제 기획안

20 년 월 일

조명		학번/성명	
목표			
나의 역할은			

1. 자유롭게 아이디어 내기

----

2. 우리 모둠의 아이디어들

----

3. 우리 모둠의 독도 마케팅, 축제의 주제 및 목적

----

4. 인상 깊은 작품 및 기획안

----

5. 오늘 활동을 통해 느낀 점

<부록>
독도 관련 사이트 및
도서, 독도 캠프

1. 독도 관련 사이트 및 APP

가. 독도연구소(http://www.dokdohistory.com)

독도연구소 홈페이지

독도연구소(http://www.dokdohistory.com)는 동북아역사재단에서 운영하는 사이트이다. 독도연구소 사이트에서 독도에 관한 소식 및 교육 자료를 수업에 활용할 수 있다. 먼저 연구마당은 고지도, 고사료, 법률자료, 학술간행물, 학술논문으로 구성되어 있으며, 독도에 관한 각종 학술간행물과 학술논문, 고지도, 고서 자료 등을 제한 없이 열람하고 다운로드할 수 있어 독도에 관한 전문적 지식과 법률 등을 익힐 수 있다. 교육&홍보 마당은 동영상 강좌, 내가 만든 독도수업 자료, 3D 독도 기행, 온라인 지도, 독도 갤러리, 독도 홍보물, 독도 전시회 등의 콘텐츠로 구성되어 있으며 각종 독도 이미지 파일이나 교육자료 등이 탑재되어 교육 자료로 풍부하게 이용할 수 있다. 특히 교재 및 수업지도안, 각종 영상 자료가 있는 만큼 수업에 적용할 수 있을 것이다.

참여 마당은 독도지킴이 거점 학교, 독도지킴이 단체 등이 링크되어 있으며 이곳을 통하여 독도 지킴이 학교 등을 신청할 수 있다. 현재 20개의 학교, 단체가 등록되어 있으며, 링크 주소가 있는 만큼 활동을 볼 수 있다. 또한 독도 이야기에는 여러 학교나 단체에서 만든 교육용 자료 및 학생 작품이 있으므로 독도교육 자료로 활용할 수 있다.

나. 외교부 독도(http://dokdo.mofa.go.kr/kor/)

외교부 독도 사이트

외교부 독도(http://dokdo.mofa.go.kr/kor/)는 외교부에서 만든 사이트이다. 독도에 관한 외교부 영상과 독도는 지금(독도 Live)과 연결을 통해 독도의 모습을 실시간으로 볼 수 있다. 독도에 대한 우리 입장에서는 정부의 기본 입장, 우리 영토인 근거, 독도에 관한 일문일답, 정부의 공식 발표문, 독도 관련 법령을 제공하고 있으므로 독도 수업에 활용할 수 있다. 독도의 일반 현황은 일반 현황, 자연환경, 주민과 생활로 나뉘어 있다. 여기서는 독도에 관한 구성과 위치, 자연환경, 동식물에 대한 정보를 담고 있다. 자료실에서는 언론 보도, 독도 동영상 자료, 홍보 자료 등을 볼 수 있다. 외교부 독도 사이트에서는 "한국의 아름다운 섬, 독도"에 관한 홍보 자료를 신청할 수 있으며 무료로 PDF 파일로 다운로드하여 여러 수업에 활용할 수 있다. 이때 홍보 자료는 한국어, 일본어, 영어, 중국어, 프랑스어, 스페인어, 러시아어, 아랍어, 독일어, 이탈리아어로 제공하고 있으므로 외국어 수업에도 활용할 수 있다. 우리가 독도에 가고자 할 때 이 사이트의 "독도 입도 신청"에서 입도 신청 현황을 확인하고 신청할 수 있으며, 독도 명예주민증도 신청할 수 있다. 또한 독도에 대한 로고 역시 다양한 언어로 다운로드할 수 있어 다양한 수업에 적용할 수 있다.

다. 사이버 독도(http://www.dokdo.go.kr/)

사이버 독도는 독도의 행정구역인 경상북도 독도정책과에서 운영하는 사이트이다. 이 사이트에서는 독도의 각종 생태자료, 역사자료, 학습자료 등을 탑재하고 있다. 특히 독도의 생태 관련 자료가 풍부한 것이 특징인데 영상자료나 각종 플래시 자료 등을 통해 체계적으로 잘 정리되어 있어 수업에 활용할 수 있다. 또한 독도 캐릭터를 개발하여 학생들이 독도에 대해 친숙하게 느낄 수 있도록 제공하고 있다. 우리 독도 난에는 독도에 관한 소개, 현재 독도에 거주하고 있는 우리 국민의 생활에 관한 이야기, 독도 캐릭터, 우리 역사에서 가지는 독도의 가치 등이 탑재되어 있다.

역사관은 독도의 역사를 다루고 있으며, 자연관은 다양한 독도의 모습을 사진 및 동영상 자료로 제공하고 있다. 학습관에서는 교육적으로 활용할 수 있는 다양한 자료가 있으므로 독도교육에 바로 활용할 수 있다. 이외에도 독도광장에서는 독도 응원하기, 독도 UCC, 사이버 독도 마을 등이 탑재되어 있다. 이를 통해 우리의 땅 독도가 실제 우리 영토임을 느낄 수 있도록 안내하고 있다.

라. 독도 APP

앱스토어, 구글스토어에서 많은 독도 APP을 다운로드하여 수업에 활용할 수 있다. 이 중 대표적인 APP을 간략히 소개하고자 한다.

연번	APP명	APP 아이콘	APP 소개
1	KBS 독도 라이브	독도라이브 KBS	독도의 현재 시각의 모습을 볼 수 있으며, 바닷소리와 함께 괭이갈매기의 소리도 감상할 수 있다.
2	경상북도 독도본부 독도 명예주민증	독도주민증신청 경상북도 독도본부 (독도)	경상북도에서 운영하는 APP으로 독도 관련 자료 및 명예주민증을 신청하고 제작할 수 있다.

3	독도 체험관	독도체험관 Dokd (주)FoST media	동북아역사재단에서 운영하는 APP으로 전시 영상과 독도 관련 자료를 볼 수 있다.
4	외교부 독도	독도(외교부) MOFA	외교부 독도 웹사이트의 축약판이다. 독도의 영유권 근거, 독도 퀴즈, 독도 기본 정보를 제공하고 있다.

마. 기타 웹사이트

위에서 소개한 웹사이트 이외에도 교육자료로 활용될 수 있는 많은 누리집이 있다. 독도를 소개하고 있는 여러 사이트를 소개하면 다음과 같다.

이름	사이트 주소	내용	기관
독도체험관	www.dokdomuseumseoul.com	독도체험관(서울) 이용 안내	동북아역사재단
반크	www.prkorea.com/start.html	사이버 외교 활동	반크
독도 바다 지킴이	www.kcg.go.kr/	독도 관련 자료	해양경찰청
독도	www.ulleung.go.kr/	울릉도와 독도 관광	울릉군청
독도경비대	dokdo.gbpolice.go.kr	독도 탐구, 경비대 역사	경북지방경찰청
독도박물관	www.dokdomuseum.go.kr	독도 지리, 독도 역사	울릉군청
한국해양연구원	www.kiost.ac	독도 관련 해양 자료	해양연구원
사이버독도 닷컴	www.cybertokdo.com/	자연환경, 사이버 방송	사이버독도닷컴
독도역사찾기	http://www.dokdocenter.org/	독도의 문화, 독도 자료	독도역사찾기운동본부
독도해양영토연구센터	www.ilovedokdo.re.kr	독도 해양 연구 자원	독도해양영토연구센터
독도 종합정보시스템	www.dokdo.re.kr/	독도 해양 사진, 동영상	독도 종합정보시스템
독도교수학습자료실	http://www.tsherpa.co.kr/main/main.aspx	아름다운 독도 교과서 교수학습자료	천재교육
독도교수학습자료실	http://www.vivasam.com/	독도교육 지도안, 동영상	비상교육

2. 독도 관련 도서

가. 독도를 부탁해! 청소년을 위한 우리 땅 독도 이야기

청소년을 위한 우리 땅 독도 이야기 『독도를 부탁해』. 이 책은 사연 많고 굴곡 많은 외로운 섬 독도에 대해 역사적 관점에만 치우쳐 기술하던 단순한 학술적 연구에서 벗어나 다양한 경로를 통해 독도를 쉽게 이해할 수 있도록 구성했다. 독도의 지정학적 위치와 자연환경뿐만 아니라 자원·경제·사회·법 등 다양한 관점에서 그 특징을 알아본다. 독도의 자연환경에 대한 기술을 다양한 사진 및 그래프 등의 이미지 자료를 활용하였고, 역사적 접근이나 국제법상의 접근은 상대적으로 쉽게 설명해 청소년과 일반 독자들이 흥미를 갖고 이해하는 데 어려움이 없도록 했다. 이를 통해 우리가 잘 알지 못했던 독도의 비밀과 자연환경의 경이로움에 감탄하는 것뿐만 아니라 우리 국토의 소중한 가치를 깨닫는 즐거움을 전해준다.

나. 초등학교 독도교육의 이해와 실제

『초등학교 독도교육의 이해와 실제』는 초등학교 현장에서 독도학습을 활성화하는 데 도움을 주기 위해 기획된 책이다. 1장에서는 학생들에게 독도교육을 위해 교사가 알고 있어야 할 독도의 이론적 부분들인 독도의 일반적 사실뿐만 아니라, 독도의 인문·자연환경, 독도의 역사, 독도를 지킨 사람들과 같은 유용한 학습자료를 포함하고 있다.

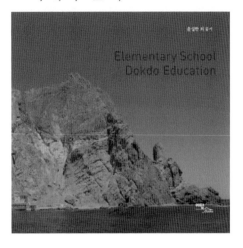

2장에서는 초등학교 교육과정에서의 독도교육의 위치와 교과별로 적용한 교수·학습 과정안 및 학습자료, 부록에서는 독도와 관련된 웹사이트 및 도서들이 수록되어 있다. 특히 초등학교에 적용한 10가지의 교수학습 자료들을 중학교, 고등학교의 상황에 맞게 응용하여 적용할 수 있다. 단순 강의식 수업에서 벗어나 학생들이 참여하고 느끼는 수업으로 구성할 수 있을 것이다.

다. 독도 관련 선생님 연수

주소: http://www.teacherville.co.kr/?src=text&kw=○○○270

독도 원격 연수(두근두근 교실 밖 문화 체험)

주소: http://www.teacherville.co.kr/?src=text&kw=○○○270

독도 원격 연수(함께 배우는 아름다운 우리 땅 독도)

[동북아역사재단공고 제2013 - 74호]

'2014년도 동계 교원연수 신청 안내'

우리 재단에서는 '동아시아사' 교과지도에 대한 전문성 향상에 기여하고자 다음과 같이
동계 교원연수를 실시하고자 합니다.

1. 연수 과정

1) 일본사 연수(기존)

ㅇ 연수종별 : 직무연수

ㅇ 과정 명 : 한 번에 끝내는 일본사

ㅇ 과정구분 : 전문성향상과정(교과지도)

ㅇ 이수시간 : 총30시간(성적 무산출)

ㅇ 대 상 : 전국 중등 사회과 교사 50명

ㅇ 연수일시 : 2014.01.13(월) ~ 01.17(금) (09:30 ~ 16:20, 5일)

ㅇ 장 소 : 재단 대회의실(서울시 서대문구 미근동 소재)

주소: //www.historyfoundation.or.kr/

동북아역사재단 일본사연구

"동해 · 독도, 학교에서부터 체계적으로 교육"

- 국립해양조사원, 전국 초 · 중 · 고 교사 해양교육연수 개최 -

□ 학교에서부터 '동해' 표기와 '독도' 영유권 등 해양영토 교육이 강
   화될 수 있도록 하기 위해 정부와 교사들이 함께 고민하는 시간을 가진
   다.

□ 해양수산부 국립해양조사원(원장 박경철)은 해양영토의 소중함과 바다의
   가치를 학생들에게 효율적으로 전달할 수 있도록 하기 위해 초·중·고 교
   사 해양교육 연수를 개최한다고 밝혔다.

   ㅇ 8월 8일부터 9일까지 국립해양조사원 신청사(부산)에서 개최되는 이번
     연수에는 전국 초·중·고등학교 교사 30여명이 참여하며,

   ㅇ 해양과학 분야의 전문지식 강의와 함께 학교 현장에서 학생들을 대상으
     로 활용할 수 있는 동해와 해양영토 관련 교육 프로그램 및 효과적인
     교수 기술이 논의된다.

□ 국립해양조사원은 그 동안 국제 사회에서 동해가 일본해로 잘못 표기되
   고 있는 것을 바로잡기 위해 바다 이름에 관한 국제세미나, KOICA 국제
   연수 개최 등 다양한 활동을 전개해 왔다.

해양조사원 교원 해양교육연수 주소: http://www.khoa.go.kr/

3. 독도 캠프

가. 2013학년도 "독도를 부탁해!" 캠프 운영 계획

2013 "독도를 부탁해!"캠프 운영 계획

1 목적

- 독도에 관한 객관적이고 정확한 지식의 습득
- 독도영유권 분쟁에 대한 논리와 사고력 증대
- 다양한 관점에서 독도 문제의 학습 기회 제공
- 독도 문제에 대한 합리적이고 폭넓은 사고의 기회
- 융합적이고 간학문적인 독도 학습 및 프로젝트의 수행
- 체험학습을 통한 나라 사랑 정신 함양

2 캠프 운영 개요

- 필수 지정 도서: 동북아역사재단『독도 바로 알기』,『독도를 부탁해』
- 선생님과 함께하는 체험식 프로그램 진행
- 3개 영역(지리, 역사, 일반사회)의 순환식 프로젝트 수행
- 독도 장소 마케팅, 독도 역할극, 독도 신문 제작, 토론
- 독도 통합 퀴즈, 독도 캠프 UCC 제작, 독도 콘서트
- 소감문 작성, 독도 글짓기, 포스터 대회 참여(추후)
- 장소: 기숙사(대회의실, 동아리실, 2층 회의실)

3 사업 예산

프로그램명					"독도를 부탁해!" 캠프	
번호	품명	단위	수량	단가	추정액	용도
1	문구류				500,000원	준비물
2	점심	개	65	6,000원	390,000원	식사
3	상품 및 과자	묶음			265,000원	모둠별 상품
4	플래카드	개	1	55,000원	55,000원	플래카드
합계					1,210,000원	

시간	활동 내용		
	A 모둠	B 모둠	C 모둠
08:30~08:50	개회식 및 캠프 일정 안내, 지도 선생님 소개		
09:00~09:50	선생님과 함께하는 독도 콘서트(독도 관련 강의, 영상 시청)		
10:00~11:50	※ 지리영역 1. 독도 장소 마케팅 2. 독도 통합 퀴즈	※ 역사 영역 1. <강치의 꿈> 역할극 2. 독도 역사신문 제작	※ 일반사회 영역 1. 독도 한일 토론 2. 해외 홍보 광고
11:50~12:50	점심(대회의실)		
13:00~14:50	※ 역사 영역 1. <강치의 꿈> 역할극 2. 독도 역사신문 제작	※ 일반사회 영역 1. 독도 한일 토론 2. 해외 홍보 광고	※ 지리영역 1. 독도 장소 마케팅 2. 독도 통합 퀴즈
15:00~16:50	※ 일반사회 영역 1. 독도 한일 토론 2. 해외 홍보 광고	※ 지리영역 1. 독도 장소 마케팅 2. 독도 통합 퀴즈	※ 역사 영역 1. <강치의 꿈> 역할극 2. 독도 역사신문 제작
17:00~17:30	수료증 수여, 단체 사진 촬영, 캠프 UCC 감상		

5 캠프 사진

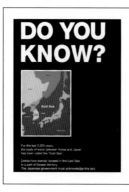

"독도를 부탁해~!!!"

"울릉도 동남쪽 뱃길 따라 이백리~외로운 섬 하나 새들의 고향~~" 이 노래를 모르는 친구들은 없겠죠?
우리의 영토인 독도에 관한 것이라면 이 노래부터 떠오를 것입니다. 하지만 여러분은 이 노래 외에 독도에 관하여 얼마나 알고 있습니까? "독도는 우리 땅!!!" 이라고 외치지만 정작 독도의 역사, 지리, 논쟁에 대하여 얼마나 잘 알고 있습니까?

♥ 일시:
♥ 프로그램: 독도를 부탁해~!!!(독도캠프)
－역사신문 만들기, <강치의 꿈> 역할극
－나는야 독도 홍보대사!(장소마케팅), 스피드퀴즈
－독도 한일 토론, 해외 홍보 광고
－독도 캠프 UCC 제작, 독도 콘서트
♥ 참가대상: 1, 2, 3학년 각 15명(독도캠프 참가 희망자)
♥ 장소: ○○고등학교 성지샘, 대회의실

2013 "독도를 부탁해!" 캠프 추진 체크리스트

1. 추진 사항 및 업무 분담(준비 완료된 것만 표시)

순	내 용	완료날짜	체크	담당
1	기안, 에듀파인 기안	4.4		
2	체크리스트 목록 작성	4.4		
3	현수막 주문 및 제작, 인계	4.6		
4	현수막 대회의실 걸기, 캠프 식순 부착 (대회의실, 동아리실, 성지샘, 2층 회의실, 1층 본관)	4.9		
5	캠프 식순-A3 사이즈 5장(본교무실 복사기 확대 복사)	4.9		
6	등록부 준비, 출석부 준비	4.9		
7	방송 관련(마이크, 스크린, 방송장비점검) 일체 기숙사 프린트 가동 여부, A4 용지 준비	4.9		
8	노트북 준비, 영상 준비	4.11		
9	홍보물 제작 및 부착	4.6		
10	수료증 제작 및 출력, 학교장 직인(행정실): 45명 -본교무실 프린터, 기숙사 프린터	4.9		
11	수료증 문구 작성	4.6		
12	생활기록부 기재 문구 작성 및 네이스 입력	4.12		
13	설문지 준비 및 수합, 에듀팟 소감문	4.11		
14	사진 촬영, 영상 촬영, 캠프 종료 추억의 영상 UCC	4.11		
15	캠프 사진 및 영상 홈페이지, 카페 업로드	4.11		
16	학교 홈페이지 캠프 홍보물	4.6		
17	기타 캠프 필요 물품 일체 구입	4.9		
18	도시락 준비 및 식수 구입	4.9		
19	준비물 배분 및 정리, 보관 영역별(3개 영역) 분배 및 정리	4.10		
20	도우미 학생 지도 및 역할 분배	4.6		
21	학교 어르신 사전 통지 및 협조	4.6		
22	키 인계받기! 기숙사 화장실(남, 여) 키 1개씩 받기!	4.10		
23	상품 및 과자 모둠별 분배	4.9		
24	가정통신문 배부 및 수합	4.9		
25	식사 지도 및 안전 지도	4.11		

2. 독도캠프 당일 업무 배정

순	내용	담당	비고
1	등록	방송부 학생	촬영 시작
2	개회식		
3	인사 말씀	생략	
4	캠프 시작 알림 및 안내, 교사 소개		
5	독도 콘서트 영상 시청		
6	장소 안내 및 영역별 시작 안내		
7	영역별 준비 물품 인계		
8	점심 지도		방송부 3명
9	청소 지도 및 대회의실 1차 정리, 쓰레기 버리기		
10	영역별 캠프 진행, 이동 시간 부여		10분 전 메시지 부여
11	캠프 종료 후 장소 청소 및 지도	모두 다 같이	
12	캠프 활동 영상 상영		방송부 학생
13	설문지 및 소감문 작성		
14	수료식 진행		5분 선생님
15	뒷정리 후 회식 장소 이동		

3. 영역별 담당 교사 및 장소

영역	지도 교사	캠프 장소
지리		대회의실
일반사회		동아리실
역사		2층 회의실
역사		성지샘
각 모둠 학생 15명		

4. 캠프 진행 중 업무

순	업무	담당 교사	비고
1	캠프 총괄		
2	사진촬영, 추억의 캠프 UCC 만들기		
3	대회의실 청소 및 정리		
4	모둠 준비물, 저녁, 먹거리 배부 및 관리		
5	성지샘 세팅 및 정리		
6	쓰레기 분리수거 및 처리		
7	물품 정리 및 보관		

중등학교
독도교육의
이해와 실제

초판인쇄 2014년 10월 28일
초판발행 2014년 10월 28일

지은이 이두현 · 임선린 · 박남범
펴낸이 채종준
펴낸곳 한국학술정보㈜
주소 경기도 파주시 회동길 230(문발동)
전화 031) 908-3181(대표)
팩스 031) 908-3189
홈페이지 http://ebook.kstudy.com
전자우편 출판사업부 publish@kstudy.com
등록 제일산-115호(2000. 6. 19)

ISBN 978-89-268-6701-3 03330

이담
books 는 한국학술정보(주)의 지식실용서 브랜드입니다.